Julius Weise

Italien und die Langobardenherrscher von 568 bis 628

EHV
HISTORY

Julius Weise

Italien und die Langobardenherrscher von 568 bis 628

ISBN/EAN: 9783955644031

Auflage: 1

Erscheinungsjahr: 2013

Erscheinungsort: Bremen, Deutschland

EHV
HISTORY

ITALIEN

UND

DIE LANGOBARDENHERRSCHER
VON 568 BIS 628.

JULIUS WEISE

HALLE a/S.

DRUCK VON EHRHARDT KARRAS.

1886.

VORWORT.

Gelegentlich der Abfassung einer Biographie der Langobardenkönigin Theudelinde wurde ich auf mancherlei bisher noch nicht genugsam erläuterte Stellen der damaligen Geschichte des genannten Volkes hingewiesen. Als ich mich nun an die Beleuchtung dieser dunkelen Abschnitte machte, hatte ich vor allem erst die gänzlich im Argen liegende diesbezügliche Chronologie zu ordnen. Letztere, welche zum Teil bis auf den Anfang der langobardischen Herrschaft in Italien zurückgeht, ergab sich infolge der kärglichen bezw. mangelhaften Zeitangabe seitens der Quellen meist nur vermittelst Schlussfolgerungen, Und diese mussten um so genauer gezogen werden, als sie schon in Bezug auf Hauptdaten, welche verschiedentlich von Geschichtsforschern berührt wurden, starkes Schwanken der Zeitbestimmung bewirkt hatten.

Letzterem Mangel halfen nur wenig ab, die durch L. Bethmann gesammelten und durch O. Holder-Egger im III. Bande des „Neuen Archivs" Hannover 1878, S. 225—318 herausgegebenen „Langobardischen Regesten". Denn diese sind keineswegs endgültig, vielmehr ihrem Charakter als gelegentliche Aufzeichnungen gemäss bedürftig der Berichtigung und der Vermehrung.

Bei solcher Art chronologischen Forschens konnte ich nicht umhin, die Prämissen der Schlüsse, nämlich

die damaligen Angelegenheiten Italiens in ihrem wechsel-
seitigen Verhältnis, auf Grund einer erschöpfenden Be-
nutzung aller bezüglichen Quellen und Hilfsmittel festzustellen. Dadurch kam ich dann unwillkürlich zu
einer zusammenhängenden Darstellung der Gesamt-
geschichte dieses Landes vom Jahre 568 n. Chr. an,
wobei ich nach Massgabe der damaligen Sachlage das
langobardische Volk als das herrschende vor in den
Vordergrund rückte.

Deshalb vermag ich nun auch ohne Zwang mein
„Italien und die Langobardenherrscher von 568—628"
anzureihen einer 1885 zu Leipzig erschienenen Schrift
von L. Schmidt „Zur Geschichte der Langobarden",
indem ich zu Gunsten dieser endgültigen Erforschung
der voritalischen Schicksale des genannten Volkes auf
meinen einleitenden Abschnitt über Pannoniens langobardische Zeit verzichte. Ich habe nämlich darin gleich-
zeitig nur gleiche Resultate des Forschens erzielt.

Meine Darstellung beginne ich nunmehr mit der
Erörterung von Alboins Eroberung und Regierung
Italiens, da ich die diesbezüglichen, schnell hingeworfenen
Worte L. Schmidt's im 4. Kapitel des II. Abschnittes
bei aller Trefflichkeit nur als vorläufig abschliessende,
keineswegs wirklich erschöpfende Vorbemerkungen zu
der für eine andere Gelegenheit aufgesparten Geschichte
des Langobardenreiches unter dem Einflusse des Herzogtums auffassen kann.

Zum Schluss möchte ich auch an dieser Stelle meinem
verehrten Lehrer Herrn Professor Dr. Ernst
Dümmler für seine Verdienste um den vorliegenden
Erfolg meiner Studien herzlich danken.

Nordhausen, im Herbst 1886.

JULIUS WEISE.

I. ABSCHNITT.

König Alboin in Italien.

Durch das stete Kriegsleben der Langobarden mit seinem Gefolge von Verheerungen des benachbarten, und bei feindlichen Einfällen auch des eigenen Gebietes war Pannonien nebst den angrenzenden Provinzen längs der Donau so mitgenommen, dass es dem langobardischen Volksheere bei Vernachlässigung oder Verachtung der Beschäftigungen des Friedens für längere Zeit keinen genügenden Unterhalt mehr bot. Auf der andern Seite hatte es nur geringe Aussicht auf die zur Neuentwickelung des Ackerbaues u. s. w. notwendige Ruhe infolge der zunehmenden Bedrohung durch die andrängenden Avaren,[1]) durch die sich immer mächtiger entwickelnden und ausbreitenden Slovenen bezw. Karantanen und durch die unter Umständen gefahrbringenden Oströmer.

Selbst ein Alboin vermochte bei aller Kriegstüchtigkeit seiner Nation solchem Anprall auf die Dauer nicht mit Erfolg zu widerstehen. Er ging entweder zu Grunde, oder er fand vorher ein Gebiet, das ihm einerseits durch Reichtümer jeder Art den nötigen Unterhalt bot für seine Krieger, anderseits durch natürliche und im Anschluss daran künstliche Befestigungen, besonders an den Grenzen, die Feinde seines Volkes zurückwies. Im Suchen nach solchem Lande sah er sich unterstützt durch die Gewöhnung seiner Langobarden an das Wanderleben, welcher die kurze Rast in Pannonien keinen Abbruch gethan hatte.

---

[1]) Vgl. O. Abel „Die Wanderung der Langobarden" S. 235 bis 240 der „Geschichtsschreiber der deutschen Vorzeit" (VIII. Jahrh.) Berlin 1849: S. 240.

4

Ein Gebiet nun fand er seinen Wünschen entsprechend, nämlich dasjenige von Italien. Darüber hatte er sicherlich sorgfältige Erkundigungen eingezogen, namentlich bei den Volksgenossen, welche seiner Zeit von Audoin als Hilfstruppen dem „patricius Italiae" Narses gesandt und von diesem nach Besiegung der Ostgothen im Herbst 552 wieder zur Heimat entlassen worden waren.[2]) Ihre Schilderungen des nahen und herrlichen Landes, welches durch die Gothenkriege[3]) einerseits und die im Gefolge derselben erschienenen Seuchen anderseits von Verteidigern entblösst war und nur in den wichtigsten Plätzen noch kaiserliche Besatzungen hatte,[4]) die späteren Nachrichten dann der Händler oder der heimkehrenden Söldner des Narses aus benachbarten Völkern über das Wüten[5]) der Pest und anderer Plagen zwischen den dortigen Bewohnern und ihren Tieren, zuletzt die Kunde von der wachsenden Missliebigkeit[6]) des byzantinischen Regimentes mussten die Blicke und Absichten

---

[2]) Vgl. L. Schmidt „Zur Geschichte der Langobarden" Leipzig 1885: S. 62.

[3]) Vgl. W. v. Giesebrecht „Geschichte der deutschen Kaiserzeit" I. Band, 5. Auflage, Braunschweig 1881: S. 85.

[4]) Vgl. F. Hirsch „Das Herzogtum Benevent" Leipzig 1871: S. 1.

[5]) Paulus Diaconus „Historia Langobardorum", herausgegeben von G. Waitz MG. SS. rerum Italicarum et Langobardicarum saec. VI—IX p. 12 sqq., II, 4. — An den Rand dieser Stelle setzt G. Waitz das Jahr 570, O. Abel in der Uebersetzung 566. Letzterer hat Recht, weil dieser Bericht der Stellung innerhalb des II. Buches und dem sonstigen Inhalte nach in die Zeit um Justinian's Tod herum, sicherlich vor die Einwanderung der Langobarden in Italien fällt. (Vgl. dazu L. A. Muratori „Annali d'Italia", 1746 Leipziger Uebersetzung, ad a. 566.) Doch ist, wie M. Lupi „Codex diplomaticus civitatis et ecclesiae Bergomatis" Bergamo 1784: I, 96 sehr richtig bemerkt, die Dauer einer Pest, welche überall 'ad tantam internecionem' wütete, nicht auf 1 Jahr zu beschränken, welcher Annahme die Worte des Paulus gar nicht widersprechen.

[6]) Paul. II, 5 nach der vita Joh. III. im „Liber Pontificalis", herausgegeben von Joh. Vignolius Rom 1724, I, 227. Vgl. dazu Muratori ad a. 567; G. Finlay „Griechenland unter den Römern" Leipzig 1861, autorisirte Uebersetzung: S. 277; Hirsch S. 1; W. v. Giesebrecht I, 85. — Man klagte über die militärische Strenge und den fiskalischen Druck unter Narses' Regierung. Beides empfand man nach den bösen Kriegsjahren doppelt schwer.

Alboin's auf Italien lenken. Als nun vollends der einzige Schützer dieser kaiserlichen Provinz, der ob seiner politischen Klugheit und militärischen Tüchtigkeit gefürchtete Narses, infolge der Missgunst des überaus argwöhnischen [7]) und habsüchtigen, [8]) an Intriguen besonders reichen Kaiserhofes 567 [9]) nach Konstantinopel zurückberufen wurde, war die letzte und grösste Sorge des Langobardenkönigs gehoben.

Es ist nun zu allen Zeiten verschiedentlich angenommen worden, dass Narses aus Wut über seine Absetzung vom Posten eines kaiserlichen Statthalters die Langobarden nach

---

[7]) Die auf persönlicher Tüchtigkeit beruhende Machtstellung des Narses erregte den Argwohn der kaiserlichen Regierung.

[8]) Einerseits wollte man grössere, den Summen früherer Zeit entsprechendere Einkünfte aus Italien ziehen, ohne Rücksicht auf die durch fortwährende Kriege verminderte Steuerkraft dieser Provinz zu nehmen. Anderseits wünschte man die durch andauerndes Glück ganz natürlich vermehrten Reichtümer des Narses womöglich in den Besitz des geldbedürftigen Kaiserstaates zu bringen. — Die Darstellung von F. Gregorovius „Geschichte der Stadt Rom im Mittelalter" Stuttgart 1859: I, 475, dass Narses 'im Frieden dem verhassten Hange des Alters, Schätze aufzuhäufen, allzusehr nachgegeben habe', ist übertrieben, ausserdem ohne jeden Beweis. Diesem Mangel hat auch Schmidt S. 66, Anm. 1 nicht abgeholfen durch seine nur scheinbaren Belege.

[9]) Die Abberufung setzen die in Mailand verfassten byzantinischen Annalen bezw. ihr Erhalter (vgl. Schmidt S. 27) Marius Aventicensis „Chronicon", herausgegeben von W. Arndt, Leipzig 1875, zu 568; der Continuator Prosperi Havniensis, herausgegeben von G. Hille, Berlin 1866, p. 34 nach dem 12. Jahre der Verwaltung Italiens durch Narses; Paul. II, 5 bei Waitz und Abel zu 567; die Ravennater Annalen bezw. ihr Benutzer Agnellus „Liber Pontificalis Ecclesiae Ravennatis" cap. 90 in das 3. Jahr des Kaisers Justin II. mit dem Zusatz: 'Narses fuit rector XVI annis'. Diese genaueste Zeitbestimmung ist von O. Holder-Egger, welcher den Agnellus MG. SS. rer. Lang. p. 265 sqq. herausgab, mit Unrecht auf 568 bezogen worden. Denn wenn auch die erstere Angabe mehr 568 verlangt als 567, wozu sie übrigens ebenfalls passt, so erfordert die letztere bei der Annahme von der Ankunft des Narses in Italien während des Endes 551 für obiges 567 und erlaubt dies Jahr selbst bei der Annahme des Anfanges 552 als Eintrittszeit. — Auch würde es für den Fall, dass Narses erst 568 abgetreten wäre, vollständig dunkel sein, wann die Nachricht davon zu den im April 568 bereits heranziehenden Langobarden gelangte, ganz abgesehen vom Verrate des Narses und seinem Verlaufe.

Italien gerufen habe.[10] Ohne jegliches Recht, meine ich. Der Sturz eines solchen Mannes bot eben der grossen Menge, welche nicht eingeweiht war in die demselben zu Grunde liegenden Verhältnisse, einen natürlichen Anlass für allerlei Mutmassungen. Dazu kam noch kurz darauf die Eroberung Italiens durch die Langobarden, ohne auch nur im geringsten abgewehrt zu werden seitens des einzigen Menschen, welcher dies mit Erfolg hätte thun können. Vielmehr verschwand dieser gänzlich vom Schauplatz. Solche Ereignisse wurden nach einander beobachtet, dann gegenseitig verglichen und in ursächlichen Zusammenhang gebracht. Dadurch entstanden je nach der Anlage und Kenntnis der einzelnen Bildner verschiedene Sagen, welche in wechselseitiger Ergänzung als eine einzige grosse Erzählung von Paulus überliefert wurden an der bekannten Stelle II, 5 [11]) und auf das schärfste als historisch wahr verteidigt von Gregorovius I, 475—479. Doch auch dieser Forscher muss die Berechtigung der Gegengründe, wie sie zuerst vom Kardinal Baronius in den „Annales Ecclesiastici" vorgebracht worden sind, anerkennen und versucht dieselbe nur durch Zweifel zu schwächen. Letzteres ist aber gerade das Angriffsmittel der Gegner, und zwar ihrerseits ein viel bequemeres und nachhaltigeres.

Denn zugegeben, dass Narses auf die Beschwerden [12])

---

[10]) Lib. pont. bei Vignolius I, 227; „Origo gentis Langobardorum", herausgegeben von G. Waitz MG. SS. rer. Lang. p. 2—6 und von F. Bluhme MG. LL. IV, 641—646, cap. 5; „Chronicon Gothanum", herausgegeben von F. Bluhme MG. LL. IV, 641—647 und als „Historia Langobardorum Codicis Gothani" von G. Waitz MG. SS. rer. Lang., p. 7—11, cap. 5; Contin. Prosp. Havn. p. 34; Paul. II, 5. Vgl. Muratori ad a. 567 und Lupi I, 99 — diese beiden sind sehr schwankend —; H. Leo „Geschichte der italienischen Staaten" Hamburg 1829: I, 66; C. Hegel „Geschichte der Städteverfassung von Italien" Leipzig 1847: I, 151; R. Baxmann „Die Politik der Päpste von Gregor I. bis Gregor VII." Elberfeld 1868: I, 37 und andere.

[11]) Waitz MG. S. 75, Anm. 1—6 stellt die dem Inhalt von II, 5 teils zu Grunde liegenden, teils verwandten Quellen des Paulus zusammen.

[12]) Lib. pont. bei Vignolius I, 227 und Paul. II, 5: 'Expedierat Romanis, Gothis potius servire quam Graecis, ubi Narsis eunuchus

der Italiener hin von der kaiserlichen Regierung gemass-
regelt wurde, so bleibt es doch mehr wie zweifelhaft, ob
er seine Liebe und Treue [13]) gegen das Vaterland überhaupt
soweit vergessen konnte, dass er, der Schützer und Er-
weiterer des Reiches, zum Hochverräter wurde. Allerdings
fand er auf den Blättern der Weltgeschichte manches Vor-
bild für solches Thun abgezeichnet, wie z. B. jüngst den
afrikanischen Statthalter Bonifacius,[14]) aber auch die ent-
setzlichen, nicht geahnten und beabsichtigten Folgen der-
artiger Schritte beschrieben nebst dem fluchbeladenen Ende
jener Verbrecher. Er sah ferner, dass die Verräter deshalb
ihr Land verdarben, weil sie es ohne besondere Mühe em-
pfangen und bis zur betreffenden Zeit verwaltet hatten,
dasselbe also nicht so lieben konnten, wie er sein Italien,
welches er aus den Händen der Barbaren unter grösster
Mühe und Gefahr befreit, dann gesichert und zuletzt nach
Kräften wieder emporzuheben [15]) versucht hatte. Seine ihm
ans Herz gewachsenen Errungenschaften aber mochte er
sicherlich nicht preisgeben infolge der Ungnade des Kaiser-

imperat et nos servitio premit; et haec noster piissimus princeps
ignorat. Aut libera nos de manu ejus, aut certe et civitatem
Romanam et nosmet ipsos gentibus tradimus'. — Also nicht nur Neid
auf Narses' Schätze, sondern auch Grimm über die Abgaben, von
denen sie wohl einen Teil zwischen jenen Reichtümern vermuteten,
militärische und bürgerliche Pflichten u. s. w. brachten die Römer
bezw. die Italiener zu obiger 'kühnen Aufrichtigkeit' bei Gregorovius I., 475. Beide Quellen lassen fälschlich Justinian noch regieren,
anstatt Justin den II.

[13]) Beweis dafür ist die ausgedehnte Vollmacht inbetreff Italiens
und das viele Geld zur Werbung eines auserlesenen Heeres, womit
man ihn vertrauensvoll von Konstantinopel aussandte. Um so mehr,
als erst kürzlich sein Vorgänger Belisar bei allbekannter Vaterlands-
liebe (vgl. Muratori ad a. 540) wegen allzu mächtiger Stellung
beargwöhnt und zurückgeholt worden war (vgl. Muratori ad a. 548).

[14]) Die noch frische Erinnerung an diesen Verräter war wohl
hauptsächlich schuld an der Hervorbringung und Verbreitung jener
Narsessage.

[15]) Mar. Avent. ad a. 568: Wiederaufbau Mailands und der
anderen von den Gothen zerstörten 'cioitates'; Contin. Prosp. Havn.
p. 34: 'Narses patricius, cum Italiam florentissime administraret et
urbes atque moenia ad pristinum decorem restauraret et populos
suo jure atque prudentia foveret, ... invitavit'.

hofes, den er mit allen Kabalen schon längst kannte. Wie man solches Missgeschick trug, lernte er vorzüglich aus dem Benehmen Belisars kennen, welcher trotz seiner Macht und Berühmtheit ruhig — wenigstens äusserlich — den Undank der Regierung aushielt, ja sogar in schlimmen Lagen des Reiches ihn vergass und durch neue Verdienste beschämte.[16]) Ja, wird man von gegnerischer Seite einwerfen, danach hätte sich Narses richten können, wenn er nur Undank und Misstrauen erfuhr; aber er wurde auf's tiefste beleidigt durch den scharfen Spott[17]) der Kaiserin Sophia. Ist das nun wirklich geschehen oder erst recht eine Sage? Ich behaupte letzteres. Man wollte eben Narses zum Verräter stempeln und bedurfte dazu bei dem ausserordentlichen Manne auch ausserordentlicher Gründe. Niemals würde meiner Meinung nach die Kaiserin so leichtsinnig gewesen sein bei aller Herrschsucht[18]) und aller Erbitterung, durch schwere Beleidigungen einen derartigen Feldherrn an der Spitze eines erprobten Heeres und eines durch Hilfsquellen aller Art reich ausgestatteten Landes zur Wut, zur Empörung zu treiben. Und dass sie durch solche schnöden Aeusserungen den verdienstvollen Mann zur Rache um jeden Preis reizen würde, musste sie wissen.

Infolge der ihm übermittelten Worte Sophias soll nun Narses, 'odio metuque exagitatus',[19]) nach Neapel sich zurückgezogen und von dort aus die Langobarden gerufen haben. Warum aber nicht von Ravenna aus, wo er doch den geladenen Barbaren näher war und eher Hilfe leisten konnte? Man wollte eben erstere Stadt beibehalten, weil sie meistenteils als letzter Aufenthaltsort jenes Statthalters überliefert

---

[16]) Er half gegen die Perser und die Slaven nach Theophanes „Chronographia", herausgegeben von C. de Boor, Leipzig 1883, p. 219—221, 233.

[17]) Contin. Prosp. Havn. p. 34 und genauer Paul. II, 5. — Die origo hat davon nichts, wohl aber das chron. Goth. cap. 5, worüber Waitz MG. S. 9, Anm. 1 sich auslässt.

[18]) Baxmann hebt I, 37 ihre Herrschsucht und ihr herrisches Wesen hervor.

[19]) Paul. II, 5. — Contin. Prosp. Havn. p. 34 hat: 'Sophiae Augustae Justini conjugis minis motus et obprobriis ignavae feminae perturbatus', chron. Goth., cap. 5 kurz: 'Minis perterritus'.

wurde. Die Einladung nun lautete, sie möchten die ärm-
lichen Gefilde Pannoniens verlassen und 'ad Italiam cunctis
refertam divitiis possidendam'[20]) kommen, und war begleitet
von einer Sendung italischer Früchte als Lockmittel. Letzteres
wäre aber entschieden überflüssig gewesen, da doch im
Anfange der fünfziger Jahre eine langobardische Hilfsschar
Narses auf dem Zuge durch Italien begleitet und von den
Herrlichkeiten dieses Landes in der Heimat später Proben
vorgezeigt, mindestens Schilderungen gegeben hatte.

Die Geschichte des obigen Verrates, gegen welche
schon allein der Umstand, dass auch nicht die Spur davon
bei den byzantinischen Geschichtsschreibern jener Zeiten zu
finden ist, einnehmen würde, sinkt noch mehr in sich zusammen
durch eine Kritik der Hauptnachricht über die Erlebnisse
des Narses nach dieser That. Im lib. pont. wird nämlich
erzählt,[21]) dass der abgesetzte Statthalter, durch die dringenden
Bitten des Papstes Johannes III. in Neapel bewogen, nach
Rom zurückgegangen behufs Abwehr der Langobarden,
dort aber bald gestorben sei. Dies ist unmöglich, mindestens
unwahrscheinlich. Denn niemals wird ein Mann, welcher
durch die Bosheit der ihm zu Danke verpflichteten Menschen
erst dahin gebracht wurde, dass er in kalter Ueberlegung
unter gänzlichem Ruin seines ausgezeichneten Rufes das
Vaterland verriet, nur um sich zu rächen, der von ihm
heraufbeschworenen Vergeltung in den Weg treten, selbst
wenn er noch unbekannt als Anstifter wäre. Besonders
entschieden aber wird er die Bitte um Abhilfe zurück-
weisen,[22]) sobald er dieselbe anhört von den Leuten, welche
ihm, ihrem Retter und Befreier, den ersten Stein in den
Weg legten.

[20]) Paul. II, 5.
[21]) Vgl. Vignolius I, 227. Nach dem lib. pont. Paul. II, 11,
und weiter Agn. cap. 95.
[22]) Gregorovius begründet I, 479 die von ihm angenommene
Erhörung der Bitte Johannes des III. seitens des früheren Statthalters durch die von allen Schriftstellern dem Narses im höchsten
Masse zugeschriebene Frömmigkeit des Katholiken. Er vergisst
aber, dass zu jener Zeit noch keine Rede war von Rom als einer
hochheiligen und hochverehrenswerten Stadt oder vom römischen
Bischof als Haupt der katholischen Christenheit. — Auch Schmidt

Narses starb meiner Meinung nach in Neapel, nicht
lange nachdem er seinen Posten verloren und sich dorthin
zurückgezogen hatte, um die Stimmung des Hofes zu
Konstantinopel milder werden zu lassen. Nun kehrten von
ihm nur der Leichnam und die Schätze zur Kaiserstadt heim.[23])

Nicht Narses brachte also das Volk Alboins aus
Pannonien nach Italien, sondern die bereits oben geschilderte
Lage der Dinge in diesen beiden Ländern. Den Lango-
bardenkönig trieben die misslichen Verhältnisse der alten
Heimat und die Aussichten auf bessere zur Wanderung
nach einer neuen, keineswegs aber der Hochmut[24]) und die
Einbildung, es müsste alles seiner Macht weichen.

Alboin überliess sein bisheriges Gebiet den Avaren,
erhielt jedoch ihrerseits das Versprechen, im Falle einer
Rückkehr 'sua arva repetere' zu dürfen.[25]) Nachdem er
seine Streitkräfte durch zahlreiche Angehörige verschiedener
Völkerschaften,[26]) besonders der altbefreundeten Sachsen,[27])

vermag durch die S. 67, Anm. 2 aufgeführten Zeugnisse von einigen
nur bedingt glaubwürdigen Quellen Rom als letzten Wohnort des
Narses nicht zu sichern.

[23]) Paul. II, 11.

[24]) Wie Muratori ad a. 568 ausführt.

[25]) Chron. Goth. cap. 5; Paul. II, 7. Vgl. C. Platner „Ueber
die Art der deutschen Völkerzüge zur Zeit der Wanderung" S. 165
bis 202 des XX. Bandes der „Forschungen" Göttingen 1880, S. 181
bis 182: 'Den Anspruch an solche ehemaligen Sitze pflegten die
deutschen Völkerschaften auf Generationen hinaus festzuhalten und
zu behaupten'.

[26]) Paul. II, 26: Bulgaren, Sarmaten, Pannonier (alte Bewohner),
Schwaben und Noriker. Unter letzten sind wohl auch baierische
Scharen (Bajuvarii) zu verstehen, welche durch den Siegesruhm und
die Freigebigkeit Alboins angelockt wurden, wie die obigen anderen.

[27]) Gregorius Turonensis „Historia Francorum", herausgegeben
von W. Arndt MG. SS. rerum Merovingicarum I, 1 sqq., IV, 42;
Paul. II, 6. — Die von diesen beiden überlieferte Anzahl der hinzu-
gestossenen Sachsen ist, wie C. Platner S. 183 festsetzte, nicht minder
sagenhaft wie die Art der schliesslichen Wiederansiedlung in den
alten Sitzen. Sicherlich zeichnete sich die Sachsenschar aus durch
ihre verhältnismässig bedeutende Zahl und ihre treue Bewahrung
des Volkscharakters. — Wenn ausserdem Paul. II, 6 die Sachsen als
'amici vetuli' der Langobarden hinstellte, so that er dies mit

verstärkt [25]) hatte, brach er am Tage nach Ostern, also am
2. April 568 auf [26]) und zog auf dem bequemen Wege im
Thale der Save hinauf bis Emona (Laibach), dann über die

Rücksicht auf die frühere, durch gegenseitigen Verkehr frisch in
der Erinnerung behaltene Nachbarschaft, und nicht aus Willkür,
wie Waitz Anm. 1 zu Platner S. 182 und nach ihm Schmidt S. 68,
Anm. 1 wollen.

[25]) Chron. Goth. cap. 5 sagt: 'Exercitus copiosus'. Ueber
die Heeresstärke handelt vorzüglich Lupi I, 116. — Dies Sicher-
gehen in Bezug auf die Leistungsfähigkeit seines Heeres, wie oben
betreffs einer etwaigen Rückkunft ohne Erreichung seiner Pläne,
zeigt den König im richtigeren Lichte als die Ausführung Muratoris
ad a. 568, dass Alboin die Eroberung Italiens schon ganz gewiss
in den Händen zu haben glaubte, indem er die ganze Nation mit
dorthin nahm u. s. w.

[26]) Prol. ed. Roth., herausgegeben von Bluhme MG. LL. IV,
1—3 (vgl. Schmidt S. 68); origo cap. 5; chron. Goth. cap. 5; Paul. II,
7 und Agn. cap. 94 bezw. deren Erklärer und Uebersetzer für 568.
Dagegen Mar. Avent. ad a. 569, Annales Ravennates — von O. Holder-
Egger behandelt im II. Teile seiner „Untersuchungen über einige
annalistische Quellen zur Geschichte des V. und VI Jahrhunderts"
(vgl. „Neues Archiv" im I. Bande, Hannover 1876, S. 213—368)
und am Schluss wiederhergestellt — und das Fragment des Secundus
bei C. Troya „Codice diplomatico longobardo dal 568 al 774 con
note storiche, osservazioni et dissertazioni" Neapel 1852 in den
Bänden IV, 1 und IV, 2 seiner „Storia d'Italia del medio evo"
Neapel 1839—1853, IV, 1: S. 21, Nr. VIII bringen 569. — Dass
aber dennoch 568 beizubehalten ist, ergiebt sich einerseits aus der
mangelhaften Beschaffenheit der drei Quellen für 569, anderseits un-
umstösslich aus den Briefen Papst Gregors des Grossen: V, 21 und
XIII, 38 des von den Benedictinern-Maurinern Paris 1705 tom. II der
gesammelten Werke „Sancti Gregorii Papae I. Cognomento Magni"
p. 485 sqq. herausgegeben „Registri Epistolarum". — Von jenen drei
Nachrichten nun ist diejenige des Marius schon berichtigt worden durch
Muratori ad a. 568, wozu ich behaupten möchte, dass die trotz den
benutzten Mailänder Annalen willkürlich vorgenommene Verschiebung
der Daten über Italiens Geschichte um 1 Jahr vielleicht dem Zeit-
unterschiede zwischen dem wirklichen Eintritt der betr. Ereignisse
und der Kenntnisnahme des Marius von denselben entspricht;
diejenige der Ravennater Annalen wird mittelbar verbessert durch
den Wiederhersteller am bezüglichen Punkte des Agnellus; das
„Frammento di Secondo da Trento" endlich ist mit Recht von
Troya S. 22 dahin interpretiert worden, dass es zur vorliegenden
Zeitbestimmung gekommen sei durch die mehrfache und zwar
inconsequente Verwechselung der I und II seitens eines Abschreibers.

südlichen Teile der Julischen Alpen gen Italien. Bereits im Mai[30]) desselben Jahres überschritt er die Grenze[31]) des erstrebten Landes und begann sich innerhalb Venetiens auszubreiten. Fast wehrlos und auf einen neuen Feind gänzlich unvorbereitet lag Oberitalien vor ihm. Es blutete immer noch an den Wunden der schlimmen Kriege in den letzten Jahrzehnten und war dazu durch Pest und Hungersnot aller Orten geschwächt:[32]) es bot eine leichte Beute. Doch dadurch liess sich Alboin nicht zu schnellem Vorrücken ohne Rücksicht auf die Möglichkeit eines durch Unglücksfälle notwendig gemachten Abzuges bewegen, sondern mit strategischer Klugheit errichtete er sich im „castrum" Forojuli (früher Forum Julii, jetzt Cividale sc. del Friuli), dem damaligen Hauptort des östlichsten Oberitaliens, einen Stützpunkt sowohl für die weitere Eroberung als auch für den etwaigen Rückzug. Dort setzte er nämlich seinen Vetter und Stallmeister Gisulf als „dux" oder Statthalter ein und gab ihm auf Verlangen als Beistände auserwählte Faren d. h. Familien des Langobardenstammes und dazu edle Rosse für die Aufzucht.[33])

---

[30]) Ergiebt sich aus dem Fragment des Secundus. Dass aber nicht der Mai 569 gemeint ist, folgt aus der Schlussbetrachtung der vorigen Anmerkung, wonach für 569 eintrat 568, und aus der Ueberlegung, dass zu dem verhältnismässig kurzen und ungehinderten — wir hören und glauben auch nichts von einem merklichen Widerstande der berührten, in ihrer Zerstreutheit erst recht ohnmächtigen Slavenstämme — Marsche der Langobarden mit Tross 1—2 Monate reichen, 13 zu viel sind; ebenso 11, wie im „Excerptum Sangallense" zu finden ist nach Waitz MG. S. 77, Anm. 1.

[31]) Die Erzählung des Paulus II, 8 von dem Berge an der Grenze, welcher Alboin zum Ausguck diente und danach „Mons Regis" genannt wurde, ist Sage und erst auf Grund dieses Bergnamens entstanden.

[32]) Vgl. die Schilderung bei J. v. Hormayr „Tirol im Mittelalter" I. Band seiner „Sämtlichen Werke" Stuttgart und Tübingen 1820: S. 91 und G. Rudhart „Aelteste Geschichte Baierns" Hamburg 1841: S. 226.

[33]) Paul. II, 9. — Friaul musste auch schon als Grenzprovinz gegen Avaren, Slaven und Byzantiner besonders gut besetzt und ausgestattet werden. Die Rosse waren nötig zur besseren Verbindung der Grenzwachen mit einander und den Wohnorten. In Bezug auf letzteres erscheint mir Waitz's Vermutung MG. S. 78,

Dann rückte er infolge der vielen Wasseradern Venetiens und der steten Sicherung des gewonnenen Landes langsam vor gen Westen. Gnädig nahm er die freiwillige Uebergabe der Stadt Tarvisium (Treviso) durch Bischof Felix an,[34]) nahm dann jedenfalls auf ähnliche[35]) Weise die Städte Vincentia, Verona und andere mit den betreffenden Gebieten in Besitz[36]) und fand ernstlichen Widerstand erst auf der Linie Patavium (Padua), Mons silicis (Monselice) und Mantua. Er machte Halt und bezog die Winterquartiere innerhalb der Provinz Venetien.

Der Winter trat diesmal früher als gewöhnlich ein unter starkem Schneefall.[37]) Die darauf folgende unerhörte Fruchtbarkeit kam den Langobarden zu statten. Letztere begannen schon sich als unbestrittene Besitzer der Poebene zu fühlen, denn sie zweigten sich in Scharen vom Hauptstamme, den Alboin fest zusammenhielt, mutig ab und unternahmen Beutezüge.[38]) Seitens des neuen Statthalters Longinus, welcher sofort[39]) nach der Absetzung des Narses gen Ravenna gekommen war und wohl den neuen Titel[40]) eines „Exarchen", aber keine merklichen Verstärkungen[41]) an

Anm. 2 gesucht und durch nichts empfohlen. Sonst vgl. näheres bei Lupi I, 159, Leo I, 74 und besonders F. Dahn „Langobardische Studien", I. Band „Paulus Diaconus", Leipzig 1879: S. 3 und 4.

[34]) Paul. II, 12. — Sehr gut darüber Lupi I, 135. — Leo I, 75: Anm. 1 legt viel zu viel Gewicht auf die Absicht Alboins, die kirchlichen Gegensätze in Oberitalien zu seinen Gunsten auszunutzen. Wenn auch seine Kenntnis davon angenommen werden kann, so mass er als Unbeteiligter ihnen schwerlich die von Leo gewollte Wichtigkeit bei. Vielmehr folgte er darin seinem klugen und königlichen Sinne, gewann durch solche Milde die Herzen seiner neuen Unterthanen und schonte die Wehrlosen.

[35]) Muratori ad a. 568 sagt treffend 'ohne Schwertstreich und Blutvergiessen'.

[36]) Paul. II, 14.

[37]) Paul. II, 10. Die Fruchtbarkeit folgte 'sequenti aestate', also 569, was auch zu Paul. II, 26 stimmt. — Mar. Avent. ad a. 570 setzt dieselbe wieder 1 Jahr zu spät, Lupi I, 101 ganz falsch bereits unter 568.

[38]) Origo cap. 5: 'Secunda vero indictione coeperunt praedare'.

[39]) Paul. II, 5. — Schmidt misstraut S. 66, Anm. 2 dieser Stelle ohne Grund und Glück.

[40]) Vgl. Muratori ad a. 568 und Lupi I, 95.

[41]) Nach H. Rubeus „Italicarum et Ravennatum Historiarum

Geld und Truppen mitgebracht hatte, brauchten sie nichts zu befürchten. Dieser sass nämlich, nachdem er seine Soldaten als Besatzungen der wichtigsten bezw. stärksten Festungsplätze über sein Gebiet hin verteilt hatte, fest in Ravenna und beschirmte nur seine Hauptstadt nebst Umgebung durch neue Bollwerke.[42]

Unterdessen machte das Hauptheer der Langobarden, welches vom König zu den schwierigeren Aufgaben verwandt wurde, schnelle Fortschritte in Ligurien. Bei dem Wiederbeginn des Feldzuges im Frühjahr 569 hatte es Padua und Monselice zur Seite gelassen, sich aber mit aller Energie gegen Mantua gewendet und dasselbe erobert.[43] Dann hatte es die Reste der Provinz Venetien am Fusse der Alpen: Tridentum (Trento), Brixia (Brescia) und Bergamus[44] (Bergamo) allem Anschein nach widerstandslos mit allem Zubehör unterworfen und zog nun in der oben genannten Nachbarprovinz herum. Es bekam Lodi und Comum (Como), also die Teile Liguriens längs des Po und der Alpen in seine Gewalt,[45] darauf aber auch die Mitte mit Mailand. Am 3. September[46] 569 hielt Alboin seinen Einzug in dieser natürlichen Hauptstadt Oberitaliens und war nun 'dominus Italiae' geworden,[47] d. h. er galt von da an als der neue Herrscher des Landes. Dass aber dies wichtige Centrum, welches erst von Narses wieder erneuert[48] und seiner

Libri XI" Leyden 1589: IV, 167 hatte er einiges Militär aus Thracien mitgebracht.

[42]) Agn. cap. 95: Caesarea zwischen Ravenna und der Hafenstadt Classis wird neu befestigt.

[43]) Vgl. Muratori ad a. 569 und H. Pabst „Geschichte des langobardischen Herzogtums" im II. Bande der „Forschungen" Göttingen 1862: S. 409.

[44]) Ich gebe die damaligen Namen der Städte u. s. w. stets an nach der 21. Karte aus v. Spruner-Menke „Handatlas für die Geschichte des Mittelalters und der neueren Zeit" III. Auflage Gotha 1880.

[45]) Vgl. Lupi I, 100.

[46]) Paul. II, 25.

[47]) Origo cap. 5 und chron. Goth. cap. 5.

[48]) Mar. Avent. ad a. 568. Vgl. H. Leo „Verfassung der lombardischen Städte" Hamburg 1824: S. 2 und 3, § II „Mailands Zustand bei Ankunft der Langobarden".

Bedeutung gemäss sicherlich stark befestigt wurde, so leicht
fiel, daran waren schuld die Nachlässigkeit [49]) der Byzantiner
und die Feigheit der Bewohner. Erstere wendeten, vielfach
gezwungen, ihr ganzes Interesse auf den Orient. Und
letztere flohen Hals über Kopf vor den Eindringlingen,
ohne auch nur den Versuch gemacht zu haben, denselben
zu widerstehen oder sich mit ihnen zu stellen. Dabei wurden
sie geleitet nicht durch solche gründlichen Betrachtungen,
wie sie H e g e l anstellt, [50]) sondern lediglich durch die
voraufgeeilten Gerüchte von der Roheit und Grausamkeit
jener Langobarden, welche noch vor kurzem so entsetzlich
gegen die Gepiden gewütet haben sollten.

Am ersten ergriffen leider diejenigen die Flucht, welche
doch eigentlich das Volk leiten und schützen mussten,
nämlich die 'ditiores' und 'nobiliores',[51]) weil sie das meiste
zu verlieren hatten. Und ihnen gab wieder ein Beispiel
die hohe Geistlichkeit, welche nicht treu als Hirt bei der
Herde blieb, sondern vor allem sich selbst in Sicherheit
brachte, und zwar diejenige Venetiens [52]) unter dem Patriarchen
Paulinus von Aquileja nach der Insel Grado, [53]) diejenige
Liguriens unter dem Erzbischof Honoratus von Mailand
nach Genua.[54]) Sie alle hätten in der alten Heimat aus-
harren müssen, um dieselbe zu verteidigen oder wenigstens
bei der langobardischen Ueberflutung aus den Wirbeln
möglichst herauszureissen. Und wenn sie auch bisweilen

---

[49]) Die Ausführungen Papst's S. 409 über das energische Fest-
halten der Byzantiner an Italien, 'der Wiege und dem Ausgangs-
punkt des grossen Weltenreiches' widersprechen den überlieferten
Thatsachen.

[50]) I, 151. 152.

[51]) Vgl. Lupi I, 103.

[52]) Ich nehme diese Provinzen stets in dem von Paul. II, 14
sqq. festgestellten Umfange an.

[53]) Paul. II, 10. — Die Insel Gradus bezw. Grado liegt in der
nördlichsten Ausbuchtung des adriatischen Meeres, Aquileja gegen-
über. — Ganz verkehrt lässt Aug. Fr. Gfrörer „Geschichte Venedigs"
im II. Bande seiner „Byzantinischen Geschichten" Graz 1872: S. 13
den Patriarchen, 'müde des Druckes durch die Langobarden',
plötzlich um 580 nach Grado übersiedeln.

[54]) Paul. II, 25 und „Catal. arch. Med." in MG. SS. VIII, 103.

durch die Wildheit der Eroberer, welche sich ja zusammensetzten aus den nach Abstammung wie Charakter verschiedensten Nationen, leiden mussten, so fanden sie nicht weniger als Bischof Felix an Alboin einen milden Herrscher. Nur in den Städten am Po oder am Unterlaufe seiner grösseren Nebenflüsse hielten sich Besatzung und Bürgerschaft mit Erfolg gegen die Langobarden, wohl weil sie durch Wasser rings umgeben und mit dem Exarchat mittels der Flussschiffahrt in steter Verbindung waren. So Cremona, Placentia (Piacenza) und Ticinus bezw. Papia (Pavia). Besonders hartnäckigen Widerstand leistete letzteres, das ob seiner günstigen Lage [55]) und starken Befestigung Hauptstadt der Ostgothen gewesen war, wenigstens für Oberitalien. Vor den Mauern dieser Festung lag das langobardische Hauptheer unter dem Oberbefehle des Königs, namentlich auf der Westseite. [56]) Da sich nun die Belagerung sehr in die Länge zog, [57]) trennten sich grössere Scharen ab und vollendeten im Laufe des Jahres 570 die Eroberung Liguriens, drangen sicherlich aber auch schon vor in die Provinzen Alpes Cottiae und Emilia. Aller Wahrscheinlichkeit nach befand sich Ende 570 das ganze Oberitalien von den Alpen bis an und in den Apennin mit Ausnahme einiger Festungen und des Exarchates d. h. Ravennas nebst weiterer Umgebung unter langobardischer Herrschaft.

Ueber den Apennin nach Süden waren beträchtliche Heerhaufen noch nicht gelangt, wohl aber gewiss kleine Abteilungen, welche von besonders unternehmungslustigen Führern befehligt wurden. Ueberschritten doch bereits 569 [59]) solche kühnen Schwärme auch die südlichsten Ausläufer der Alpen und brachen in Südgallien ein in genauer Fortsetzung des von Ost nach West gerichteten Eroberungszuges durch Oberitalien den Po hinauf. Diese waren allerdings unter

---

[55]) Vgl. Leo I, 76.
[56]) Paul. II, 26. — In dieser Gegend stand zu Muratori's Zeiten das Kloster St. Salvator (vgl. ad a. 569).
[57]) Paul. II, 27.
[58]) Mar. Avent. ad a. 569. — Diesmal ohne die Jahresdifferenz, weil das Ereignis der italischen Geschichte sich in Gallien selbst zum Teil abspielte, und zwar nicht weit von Aventicum (Avenches).

starken Verlusten [59]) zurückgewiesen worden. Das gleiche Schicksal betraf sicherlich in den Anfangsjahren noch manche andere Schar, welche sich nach irgend einer Richtung hin zu weit vom Hauptheere entfernt hatte.

Letzteres operierte aber vorläufig nur innerhalb der Poebene und schuf hier dem neuen Reiche eine gesicherte Grundlage. Dabei musste es, abgesehen von den Mühen des steten Krieges, öfters leiden unter bösen Naturereignissen. So 570 unter dem allgemeinen Mangel an Nahrungsmitteln [60]) — im Gegensatz zu dem überreichen Jahr 569 — und der wahrscheinlich daraus entsprungenen schweren Viehseuche. [61]) Darauf folgte dann noch 571 die bereits bekannte Beulen-pest mit ausserordentlicher Heftigkeit. [62]) Trotzdem er-weiterte Alboin in diesem Jahre seine Wirksamkeit als Er-oberer über den Apennin hinaus nach Mittelitalien. Während er die Belagerung Pavias rüstig fortdauern liess, unternahm er die Eroberung Tusciens. [63]) Wo er nicht selbst teilnehmen konnte, liess er sich vertreten durch seine Unterbefehls-haber, die Herzöge. Doch auch auf der andern Seite des Apennin schob er seine Krieger vor durch die Provinz Emilia bis tief in die südliche Flamminia. Dabei bekam er die Städte [64]) Parma, Regium (Reggio), Mutina (Modena) und Bononia (Bologna) in die Gewalt, namentlich aber die starken Festungen [65]) Forum Cornelii (beim heutigen Imola) und

---

[59]) Mar. Avent. ad a. 569: 'Ubi (in Gallien) multitudo capti-vorum gentis ipsius (der Langobarden) venumdata est'.

[60]) Paul. II, 26.

[61]) Mar. Avent ad a. 570: Die Seuche in Italien und Gallien; Agn. cap. 94.

[62]) Mar. Avent. ad a. 571 wieder für beide Länder.

[63]) Paul. II, 26 und Agn. cap. 95.

[64]) Alle diese Städte Emiliens, welche vor 590 langobardisch geworden sind, fielen jedenfalls ebenso wie diejenigen Venetiens und Liguriens beim ersten Ansturm. Es hielten sich überall nur die besonders stark befestigten Plätze, hauptsächlich die durch Wasser geschützten. Die Langobarden waren ja als bisherige Be-wohner von Binnenländern nur wenig oder gar nicht bewandert in den Künsten der Schiffahrt.

[65]) Agn. cap. 95: Beide Festungen werden niedergebrannt, jedenfalls weil man sie nicht halten wollte oder konnte.

Petra Pertusa (Furlo). [66]) Letzteres, am Metaurus bei Urbinum
(Urbino) gelegen, [67]) bezeichnet wohl den südlichsten Punkt
von Alboins Vordringen auf der Ostseite Italiens und ist
die einzige bemerkenswerte Eroberung der Langobarden
in Flamminien. Sein Schicksal teilten höchstens kleinere
Orte dieser Provinz am oder im Gebirge, während die
Küstenstriche [66]) unter dem Schutze Ravennas und der
Pentapolis byzantinisch blieben. Ebenso hatten sich in
Tuscien höchstens die am Meere gelegenen Teile [69]) dem
Kaiser bewahrt und Rom [70]) nebst Umgebung.

Die Verbindung zwischen diesen beiden Resten der
kaiserlichen Herrschaft wurde hergestellt durch Perusia
(Perugia), welches sich in Umbrien tapfer hielt. Letztere
Mittellandschaft geriet sonst ebenso wie die nördlich von
ihr gelegene der Alpes Apenninae schon deshalb in die
Gewalt der Langobarden, weil sie am weitesten vom Meere
und von den freien Seestädten ablag, also genügender
Schutzmannschaften u. s. w. am meisten entbehrte, ausserdem jenen Eroberern als Bindeglied zwischen Osten und
Westen der Halbinsel notwendig war. Wegen des geringen
Widerstandes und der ähnlich geringen Gefahr, von dem
Haupttrupp gänzlich abgeschnitten zu werden, zogen gerade
hier hinunter die Vortruppen, welche ohne Sorge um die
feindlichen Plätze auf den Seiten und im Rücken dem
Süden Italiens zustrebten. In ihrer Mitte befanden sich
wahrscheinlich auch die Gründer des spoletinischen- und
dann des beneventanischen Herzogtums. [71]) In den Provinzen
der eigentlichen Halbinsel waren sicherlich genau so wie

---

[66]) Vgl. O. Holder-Egger MG. S. 338, Anm. 11.

[67]) Vgl. Muratori ad a. 571. — Urbino selbst liegt oberhalb beim
Metaurus und gehört nach Paul. II, 18 noch zu den Alpes Apenninae.

[68]) —[70]) Paul. II, 26.

[71]) Muratori ad a. 571 ist nach dem Vorgange einiger älterer
Historiker für dieses Jahr als das der Stiftung jener beiden Herzogtümer in Umbria bezw. Samnium. Lupi I, 157, 158 auch für die
Zeit um 571 herum. Ebenso Hirsch S. 3 nebst Anm. 1 und 2
besonders für Benevent auf Grund von Paul. III, 33. Diese Stelle
ist auch für mich entscheidend und schliesst spätere Jahre aus,
z. B. 580 Hegels I, 153.

in denjenigen Oberitaliens nur wenige [72]) Orte für eine
energische Verteidigung hergerichtet worden, alle übrigen
aber sich selbst überlassen.

Unterdessen hatte die Belagerung Pavias ihren gleich-
mässigen Fortgang genommen, bis sich die Nahrungsmittel
in der Stadt allzu sehr verminderten. Wohl nur infolge
dieses Mangels trat die Uebergabe an die Langobarden ein,
denn eine Eroberung mit stürmender Hand ist weder überliefert bezw. angedeutet noch begründet durch die Behand-
lung der Stadt und ihrer Bewohner seitens Alboins. Im
Gegenteil, der König liess trotz des gethanen Gelübdes
'universum populum, quia se tradere noluisset, gladio extin-
guere' [73]) grösste Milde walten, als er gegen Ende des
Jahres 572 [74]) diese Festung in seine Gewalt bekam. Nur
aus Hochachtung vor der Ausdauer und Tapferkeit der
Bürger nahm er sein Wort zurück und machte dadurch
aus achtenswerten Feinden treuergebene Unterthanen. Im
alten Palaste Theoderichs des Grossen empfing er die dank-
bare Huldigung derselben.

Aus den Erklärungsversuchen aber seiner Gnade seitens
der grossen Menge entstand, wohl mit Hilfe der Geistlichkeit, die Sage, dass er dazu veranlasst worden sei durch
den als Verwarnung des Himmels gedeuteten Kniefall [75])

---

[72]) Vgl. Hirsch S. 1 und 2 im rechten Gegensatze zu Lupi I, 152.

[73]) Paul. II, 27.

[74]) Paul. II, 27 giebt als Zeitdauer der Belagerung 3 Jahre
und einige Monate an; der Anfang fällt frühestens in die Zeit der
Besetzung Mailands, welches seiner Lage nach nur zur selbigen
Zeit oder wenig später von den Langobarden berührt worden sein
kann, also etwa Ende August 569. Demnach würde die oben
bezeichnete Dauer ablaufen innerhalb der letzten Monate 572. —
Troya in seiner „dissertazione sulla cronologia della cronica di
Rotari dal Re Alboino fino allo stesso Rotari" auf S. 71—80 des
Bandes IV, 2: § 3 „Anni della presa di Pavia e della morte
d'Alboino" S. 73—75 setzt die von Paulus überlieferte Zeit ganz
willkürlich herunter bis auf 1 Jahr und einige Monate, nur um
seine ebenfalls willkürliche Annahme des Oktobers bezw. Novembers
571 als Datums für Alboins Tod wenigstens äusserlich zu ermög-
lichen (vgl. das hierzu speciell Gehörige in seinem § 4: „Continua-
zione" S. 75—76).

[75]) Paul. II, 27.

seines Rosses beim Einzug. Es stammt diese Erzählung
aus der Tradition [76]) jener ticinensischen Kirche des heiligen
Täufers Johannes, welche von der späteren Königin Gun-
diberga gestiftet worden ist [77]) und verschiedene Wunder-
geschichten mit sich bezw. ihrem Schutzpatron verknüpft
hat. [78]) Zu dieser Annahme muss die Beobachtung führen,
dass als Ort jenes Wunders das Johannesthor im Osten
der Stadt angegeben wird, während doch wahrscheinlich
der Einzug Alboins stattfand von der Seite her, wo das
Belagerungsheer sich hauptsächlich festgesetzt hatte, der
westlichen. Letzteres mag auch wohl der Grund dafür
gewesen sein, dass der spätere König Aribert vor dem
Marenca genannten Thore im Westen Pavias ein 'oraculum
domini Salvatoris' erbaute [79]) zur Ehre des Heilands, welcher
den Grimm Alboins besänftigte.

Doch nicht lange sollte der König den Fall dieser
Stadt überleben. Im Frühjahr 573 wurde er zu Verona
innerhalb seines Palastes ermordet. Dass er einen unnatür-
lichen Tod erlitt, wird allgemein bekundet; aber inbetreff
des wann gehen die Angaben der Quellen und die An-
nahmen der Forscher auseinander. Das Jahr 572 bringen
dafür Mar. Avent. ad a. 572, Exc. Sang. [80]) mit dem genaueren
Datum 'VIII. Kal. Jun.', Ann. Rav. [81]) mit 'IV. Kal. Julias'
und nach letzteren Agn. cap. 96. Nicht das Todesjahr, wohl
aber die Regierungsdauer Alboins überliefern die langobardischen Quellen: origo cap. 5: 3 Jahre, chron. Goth. cap. 5:
3 Jahre und 6 Monate, Contin. Prosp. Havn. p. 34: 2 Jahre
und 10 Monate, Paul. II, 28: 3 Jahre und 6 Monate. Es
verdient nun sicherlich die zweite und letzte Gruppe den
Vorzug, weil ihre Angaben von Langobarden herrühren,
welche nicht nur aus der mündlichen Tradition [82]) von

---

[76]) Vgl. Waitz MG. S. 87, Anm. 3. — Schmidt hält S. 70
daran als einem historischen Ereignis fest.

[77]) und [78]) Paul. IV, 47.

[79]) Paul. IV, 48.

[80]) Vgl. Waitz MG. S. 87, Anm. 4 und Holder-Egger MG.
S. 339, Anm. 1.

[81]) Vgl. Holder-Egger im „Neuen Archiv" I, S. 340.

[82]) Vgl. G. Gervinus „Geschichte der deutschen Dichtung"
Leipzig 1871: I, 35.

Volkssagen, Heldengesängen u. s. w. schöpften, sondern auch
aus der schriftlichen des Secundus und anderer. Ihr Er-
mangeln eines Monats- bezw. Tagesdatums nimmt deshalb
von vorn herein gar manchen ein gegen die diesbezügliche
Genauigkeit der ersten Gruppe, deren Mitglieder auch sonst
verschiedentlich in Bezug auf unbedingte Glaubwürdigkeit
stark angezweifelt werden. Wenn man also den Nachdruck
richtig auf die langobardischen Mitteilungen legt, so muss
man vor allem behufs ihrer Verwertung die Zeit bestimmen,
von welcher ab jene Jahre und Monate zu zählen sind.

Baronius „Annales Ecclesiastici" (Köln 1609) ad
a. 571 und Troya in seinen bereits oben [83]) herangezogenen
chronologischen Kapiteln rechnen gleich vom Eintritt Alboins
in Italien, Mai 568, ab und erhalten dadurch 571 als Todesjahr dieses Königs, weisen also die Feststellungen jener
ersten Gruppe zurück, weil verspätet. Sie sind aber auf
falscher Fährte, wie sie ja auch nur mittels gewaltsamer
Verkürzungen anderer Daten von gleichzeitigen Ereignissen,
z. B. Pavias Belagerung, ihre Bestimmung erhalten konnten.
Alboin wurde erst durch den Besitz Mailands, der natürlichen Hauptstadt Oberitaliens, „dominus" und König des
neuen Landes und konnte deshalb erst vom September 569
an seine italienischen Regierungsjahre rechnen. Um dieselbe Zeit herum begann er aber auch die Belagerung
Pavias, mit welcher er gegen Ende 572 abschloss. Darum
muss er mindestens bis zu diesem Termine gelebt haben,
welche einfache Erwägung die Zeitangaben der origo und
des Contin. als zu kurz gegriffene klarlegt.

Es bleiben also allein übrig die 3 Jahre 6 Monate des
chron. Goth. und des Paul., welche in bindender Weise gar
nicht zu widerlegen sind und sicherlich zur Zahl derjenigen
Angaben gehören, die vom Verfasser des chron. Goth.
früher, von Paulus später aus dem Originalvorwort zu den

---

[83]) Anm. 74. — Troya IV, 2 S. 74 beruft sich auf Mar. Avent.,
dessen Angabe der Konsulatsjahre 'Justini Aug. jun.' er zu seinen
Gunsten auslegt, aber im Gegensatz zu anderen Forschern, z. B.
W. Arndt „Bischof Marius von Aventicum" Leipzig 1875: S. 37. —
Die Indictionszahl bei Marius passt zur Not auf 571, weil die
V. Indiction am 1. September dieses Jahres begann.

langobardischen Gesetzen genommen wurden.⁵⁴) Demnach
starb der König im Frühjahr 573,⁵⁵) vielleicht innerhalb des
Monates Mai, wenn man der Randbemerkung von Waitz
in der Ausgabe des Paulus folgen will, allerdings unter
Verbesserung des Jahres 572 in 573.

Sein Tod trat ein durch Mord, und zwar mittels Tot-
schlags, nicht einer Vergiftung, wie Gregor von Tours irrtümlich berichtet.⁵⁶) Als Hauptperson bei der Vorbereitung
und Vollbringung desselben wird allgemein die Gattin
Alboins genannt, die gepidische Königstochter Rosimunda.
Sie erfüllte eben die den alten Deutschen heilige Pflicht
der Blutrache und vernichtete den Vernichter ihrer Familie,
ihres Volkes. Bis dahin war sie noch nicht dazu gekommen,
weil sie keine passende Gelegenheit fand und wohl auch
als Frau und Königin die blutige That nebst den Folgen
scheute. Doch alles Zaudern legte sie ab, als sie beim
Zechgelage⁵⁷) Alboins in Verona auf Geheiss ihres trunkenen
Gemahls der Tafelrunde zutrinken musste aus dem Schädel⁵⁸)

---

⁵⁴) Vgl. Th. Mommsen „Die Quellen der Langobardengeschichte
des Paulus Diaconus" auf S. 51—103 des V. Bandes des „Neuen
Archivs" 1880: S. 59.

⁵⁵) Wenn C. Sigonius „de regno Italiae" Venedig 1580: I, 20
und A. Pagi „Critica Baronii" Antwerpen 1705: II, 645 mit Be-
rufung auf Sigebert's und besonders Hermann's, des „monachi
Augiensis vulgo Contracti", Chroniken (MG. SS. VI, 268—474 bezw.
V, 67—133) als Todesjahr 574 festsetzten, so stützten sie sich
einzig und allein auf die falsche Voraussetzung, dass Pavia nach
etwa 3jähriger Belagerung 571 genommen wurde. Es ist aber
geradezu unmöglich, den Anfang dieser Einschliessung ins Jahr
568 zu verlegen. Von der so bestimmten Einnahme Pavias als
der künstlichen Hauptstadt Oberitaliens an rechnen sie dann die
Regierungsjahre Alboins. Letzteres hatte eben der Chronist Heri-
mannus zuerst gethan, war aber sogar bis 576 gekommen, weil er
den Fall jener Stadt mit Recht ins Jahr 572 einfügte. 574 sowohl
wie 576 sind als Todesjahre Alboins auch niemals in Einklang zu
bringen mit der späteren Chronologie, selbst nicht mit der knappen
des Paulus, des alleinigen Gewährsmannes jener beiden Chronisten
(vgl. Muratori ad a. 573).

⁵⁶) IV, 41.

⁵⁷) Paul. II, 28 und Agn. cap. 96.

⁵⁸) Paul. II, 28 erzählt, dass er selbst diesen zum Becher gemachten Schädel bei König Ratchis gesehen habe. Trotzdem fasst

ihres Vaters. Sie sammelte ihre vertrauten Anhänger, welche sie wohl hauptsächlich aus der Mitte ihrer gepidischen Volksgenossen, dann aber auch der langobardischen Unterthanen für sich gewonnen hatte,[89]) und warf über ihren Gemahl, dessen grausamer Befehl jenen Freunden seiner unglücklichen Gattin den letzten Rest von Unentschlossenheit nahm, das Todeslos.[90]) Dies that sie sicherlich nicht auf Grund 'weitverzweigter Parteiverbindungen', wie Flegler will,[91]) denn in diesem Falle wäre der Anschlag schwerlich so geheim und glücklich zu Ende geführt worden, oder hätte, wenn er gelungen, niemals zur Folge gehabt die schleunige Flucht der erratenen Mörder vor dem allgemeinen Volksunwillen. Im Gegenteil; nur mit wenigen plante sie den Mord und vollbrachte ihn. Der König wurde, als er des Mittags im Palaste ruhte, von den Verschworenen getötet, und zwar im Schlafe.

Dieses historische Ereignis ist nun vom Volke, welches sich solch' ruhmloses Ende des weitberühmten [92]) Langobardenherrschers gar nicht vorstellen konnte, allmählich immer sagenhafter ausgeschmückt worden. Davon geben ein treues Bild die Quellen. Greg. Tur.[93]) lässt die That geschehen durch die Königin und einen vertrauten Diener. Die origo[94]) und das chron. Goth.[95]) bringen infolge ihrer

---

Schmidt S. 72 solchen an und für sich absolut nicht unmöglichen Trunk als Sage auf.

[89]) Mar. Avent. ad a. 572 und Agn. cap. 96. — Der Haupthelfer und spätere Gemahl der Königin, Helmigis, war Langobarde, denn Paul. II, 28 sagt von ihm: 'Qui regis scilpor, hoc est armiger, et conlactaneus erat'. Die Gepiden standen natürlicherweise auf ihrer Seite als Schicksalsgenossen; die Langobarden wurden gegen ihren König eingenommen einerseits durch seine ihnen nicht genehmen Handlungen, anderseits durch die Schönheit und Liebenswürdigkeit Rosimundas.

[90]) Vgl. Baxmann I, 38.

[91]) Anm. 22 seiner Abhandlung „Das Königreich der Langobarden in Italien" Leipzig 1851. — Eine Modification dieser Stelle unternahm bereits Pabst S. 411.

[92]) Paul. I, 27.

[93]) IV, 41.

[94]) Cap. 5: 'Et occisus est (Alboin) in Verona in palatio ab Hilmichis et Rosemunda uxore sua per consilium Peritheo'.

[95]) Cap. 5: 'Malo inito contra eum consilio per Rosemoniam

heimatlichen Nachrichten aus Secundus u. s. w. schon ge-
naueres, nämlich die Namen und die betreffenden Leistungen
der Hauptverschworenen. Bedeutend ausführlicher wird
dann der Contin. Prosp. Havn.,[96]) welcher aber nur den einen
Elmigisil als Haupthelfer nennt, wohl weil er bei seiner
gedrängten Darstellung der Langobardengeschichte blos die
wichtigsten Personen zu überliefern pflegt, also hier den
Mörder und nachmaligen König bezw. Flüchtling Helmigis
und nicht den vorher wie nachher sonst unbekannten Ratgeber Perideo. Die endgültige Fassung der Sage von
Alboins Tod, wie sie unter den Langobarden fortlebte, überliefert Paulus,[97]) dessen Bericht zuletzt Agnellus[98]) fantasie-
reich in die Dialogform umgoss, jedoch mit Zuthaten aus
ravennatischer Kunde. Letztere aber ist für den vorliegenden
Fall nicht unwichtig, weil sie an dem Orte entstand, wo
die Verschworenen ihr mit Mühe vor den rachedurstigen
Langobarden gerettetes Leben nebst seinen Ueberlieferungen
weiterführten.

Die grosse Volksmenge also, welche von der Vorbereitung und Vollendung jener Schandthat nur den Erfolg,
nicht die einzelnen Umstände wusste, suchte diesem Mangel
dadurch abzuhelfen, dass sie das Fehlende zusammenreimte
aus den Charakteren der Beteiligten. Vor allem nun konnte
sich niemand denken, dass Alboin so kläglich aus der Welt
schied ohne jegliche Gegenwehr mittels seines erprobten
Schwertes, des steten Begleiters. Deshalb musste der König
beim jähen Erwachen das Schwert durch Rosimunden am
Lager festgefesselt finden und sich wenigstens mit einem
Fussfchemel verzweifelt wehren, bis er den Streichen des
'vir fortissimus'[99]) Perideus erlag. Diesen hatte gerade ob
seiner Stärke und Unerschrockenheit Rosimunde für sich
auf den Rat des Helmigis gewonnen, aber auch nur durch
ausserordentliche Selbstverläugnung.

---

uxorem et consilio Peredei cubicularii sui ab Elmechis spatario suo
occisus est in Verona civitate'.

[96]) P. 34.
[97]) II, 28.
[98]) Cap. 96.
[99]) Paul. II, 28 und die spätere Sage: II, 30.

Die Erzählung von der letzteren jedoch war es, welche
im Verein mit dem Umstande, dass die origo und das
chron. Goth. Perideus blos als Ratgeber,[100]) der Continuator
und Agnellus denselben gar nicht erwähnen, mich zur ge-
nauen Bestimmung der Rolle dieses Mannes bei jener Ermordung bewog. Dass Helmigis seinem Milchbruder und
königlichen Freunde nicht als Meuchelmörder sich nahen
wollte, finde ich natürlich. Auch die Volkssage mochte
einen solchen mit deutscher Treue unvereinbaren Verrat
nicht annehmen und stellte die von der origo und dem
chron. Goth. ohne genauere Erklärung gebrachte Bezeichnung
des Helmigis als des Mörders Alboins dahin fest, dass
Helmigis nur als intellectueller Haupturheber im allgemeinen
so genannt werden konnte. Das tritt schon beim Continuator
hervor und erst recht beim Diaconus. Agnellus schildert
ihn allerdings als eigentlichsten Mörder, wahrscheinlich
deshalb, weil er den Perideus des Paulus verwarf, aber nicht
die demselben zugewiesenen Erlebnisse,[101]) für welche er
sich Helmigis als Träger erwählte, und zwar ganz willkürlich. Also Helmigis liess einen anderen den Totschlag
vollführen, konnte dies aber nur dadurch bewerkstelligen,
dass er die Königin, seine Buhle und spätere Gattin, sich
schmachvoll dem betreffenden hingeben hiess behufs Be-
täubung der letzten Bedenken des gewünschten Mord-
genossen. Dass der Skilpor sicherlich nichts derartiges
riet, sondern andere Mittel zur Erreichung seiner Absicht

---

[100]) Paulus selbst scheint ihn an einer Stelle des 28. Capitels
so aufzufassen: 'Et juxta consilium Peredeo Helmechis interfectorem
introduxit (Rosemunda)'. Aber dieser der sonstigen Darstellung des
Paulus widersprechende Satz ist bereits in einigen Handschriften
und Ausgaben durch Umstellung der Namen verbessert worden.
Bethmann-Waitz MG. S. 88, Anm. 2 behalten ihn bei als über-
nommen aus der origo. Ich kann aber dem Paulus trotz des bei
ihm nachgewiesenen Vorhandenseins verschiedener ohne die nötige
Aenderung der Satzanfänge u. s. w. entlehnter Stellen solche Ge-
dankenlosigkeit, wie sie nach obigen beiden vorläge, nicht zumuten.
Weit eher hat ein gedankenloser Abschreiber, welcher die andere
Version kannte, einmal verbessern wollen, ohne sich der sonstigen
Darstellung des Diaconus genau zu erinnern.
[101]) Diese erschienen ihm zu interessant und erwähnenswert.

anwandte, ist mir klar, ebenso aber auch, dass er, wenn er
Rosimunden wirklich in solcher Weise hätte gebrauchen
wollen, bei dieser königlichen Frau auf energischen Widerstand gestossen wäre. Denn trotz heissesten Rachegefühls
konnte sich die letztere nicht so weit erniedrigen,[102]) noch
dazu unter Mitwissen einer in ihrem bösen Treiben erkannten,
ja benutzten Kammerfrau. Bei solchen Leuten wäre doch
das höchst gefährliche Geheimnis der Verschworenen schlecht
aufgehoben gewesen. Kurz, ich verweise die ganze Ver-
führungsgeschichte in das Gebiet der Sage, nicht aber die
Person des Perideo. Schon an der zweiten Hälfte[103]) seines
Namens, noch mehr am Titel „cubicularius" im chron. Goth.
ist er zu erkennen als ein Mann, welcher von den Feinden
Alboins gewonnen werden musste. Er war der Kammer-
diener des Königs, also sicherlich seinem Herrn treu er-
geben. Deshalb konnte er nur durch aussergewöhnliche
Mittel zu den Verschworenen herübergezogen werden, denen
er doch mit seinem Rat unbedingt nötig war. Er musste
die zur Ermordung passende Zeit bestimmen, Sicherheits-
massregeln treffen und die Mörder einlassen. Letztere, denn
es waren gewiss mehrere bei der grossen Furcht vor ihrem
gewaltigen König, darunter auch Helmigis, vollendeten
durch die That, was Perideo namentlich durch seinen Rat
vorbereitet hatte. Dadurch wurde er eben einer der Haupt-
schuldigen und als solcher Rosimunden und Helmigis zur
Seite gestellt. Für das allgemeine Interesse trat er dann
aber wieder zurück hinter diesen zwei Anstiftern von Alboins
vorzeitigem Ende, dessen eigentliche Früchte gerade sie
zu ernten begannen.

Beide heirateten sich[104]) und wollten nun gemeinsam
den langobardischen Königsthron einnehmen. Doch dadurch
wurden sie dem Volke als Mitschuldige an der Ermordung
des Königs, welcher eben erst unter einer Treppe des Palastes
'cum maximo Langobardorum fletu et lamentis'[105]) beerdigt

---

[102]) Unverständlich ist mir deshalb Flegler's Anm. 22.
[103]) diu oder deo — der bezw. die Dienende nach E. Götzinger
„Reallexikon der deutschen Altertümer" Leipzig 1884: S. 765.
[104]) Mar. Avent. ad a. 572 und Paul. II, 29.
[105]) Paul. II, 28.

worden war, verdächtig und verhasst. Sie begaben sich
nach Pavia, um von diesem Mittelpunkte aus das Reich zu
leiten, unterstützt durch die Reichtümer des dort aufbewahrten
Kronschatzes. Doch als die Bestürzung der Langobarden
über den Verlust ihres grossen Königs einer klaren Ueberlegung Raum gegeben hatte, forderte die Volksstimme
immer lauter Vergeltung. Man wollte den Tod der Mörder[106])
und stürmte in der Wut sogar den Königspalast. [107])

Um nun nicht dem allgemeinen Grimme zum Opfer zu
fallen, wollen die Verschworenen mit ihren Anhängern flüchten.
Deshalb schickt Rosimunda Boten zum Exarchen Longinus
und bittet ihn um ein Schiff zur Flucht nach Ravenna.
Nachdem sie ihren Wunsch von demselben gern und eiligst
erfüllt bekommen hat, verlässt sie bei Nacht auf dem Po
die junge Heimat und nimmt mit sich ihre Stieftochter[108])
Albsuinda, als Geisel wahrscheinlich zum Schutz gegen
die Langobarden, ihre Getreuen und den reichen Schatz
Alboins. [109])

Der Exarch weiss bald in seinem Verlangen nach dem
Besitze der Königin und ihrer Reichtümer Rosimunden

[106]) Origo cap. 5, chron, Goth. cap. 5 und Paul. II, 29.

[107]) Agn. cap. 96, der nur falsch Verona angiebt als Schauplatz
der Erlebnisse des neuen Königspaares. Nach ihm wäre dasselbe
dorthin gegangen, um abzuwarten, 'donec furor populi conquiesceret'.
Das würde doch aber hier am Orte der That zuletzt geschehen
sein. Er lässt ferner die Verschworenen von Verona aus mit dem
Kronschatz fliehen, was aller sonstigen Ueberlieferung widerspricht
und an sich unwahrscheinlich ist. Meiner Meinung nach befand
sich Agnellus im Unklaren über die verschiedenen Schauplätze.
Er wusste, das Pavia sowohl wie Verona als solche genannt wurden,
und nahm gerade umgekehrt den Palast in ersterer Stadt, die er
allerdings nicht nennt, aber allem Anschein nach meint, an als Ort
des Mordes und den Palast in letzterer als Gebiet der späteren
Begebenheiten.

[108]) Entsprossen der früheren Ehe Alboins und Chlotsuindas,
der Tochter des Frankenkönigs Chlothar I.; vgl. Greg. Tur. IV, 3.
41, welcher aber Chlotsuinden irrtümlich erst in Italien sterben
lässt IV, 41. — Vgl. auch origo cap. 5, chron. Goth. cap. 5 und
Paul. I, 27.

[109]) Origo cap. 5, chron. Goth. cap. 5, Contin. Prosp. Havn.
p. 34—35 (aber ohne Nennung Albsuindas), Paul. II, 29 und Agn.
cap. 96.

zum zweiten Gattenmord zu verleiten. [110]) Helmigis erhält
von ihr eine Schale mit vergiftetem Wein unter dem Vor-
wand einer Erfrischung nach dem Bade gereicht, merkt
aber beim Trinken den Anschlag und zwingt die treulose
Gattin mit gezücktem Schwert, den Rest des Trankes zu
leeren und gleichfalls zu sterben. [111]) Longinus sandte dann
alles, was die beiden unter seinen Schutz gebracht hatten,
nach Konstantinopel zum Kaiser, bewirkte dadurch allgemeine
Freude und gewann grosse Gnade bei der Reichsregierung.

[110]) Longinus war sicher schuld (vgl. origo cap. 5, Paul. II, 29
und Agn. cap. 96), nicht Rosimunda, wie das chron. Goth. cap. 5
will in augenscheinlicher Lust am Ausmalen des tragischen Charakters
dieser Frau. Der Contin. Prosp. Havn. bringt bei seiner Kürze
hierüber nichts Näheres, sondern lässt das Ehepaar bald sterben
mit den Worten: 'Sed non longo inibi potiti praesidio vita caruere'.
Rosimunda war in Ravenna mehr passiv, doch nie so sehr, wie
Mar. Avent. ad a. 572 sie im Vergleich mit Helmigis schildert für
die Flucht nach Ravenna u. s. w.

[111]) Greg. Tur. IV, 41 lässt wie den König irrtümlich an Gift,
so die Mörder, nämlich Rosimunden und einen Diener, ohne Angabe
der Ursachen auf der Flucht sterben.

II. ABSCHNITT.

König Kleph und die königlosen Jahre.

In der klaren Erkenntnis, dass der noch so junge Staat am ehesten durch das einheitliche und deshalb machtvolle Königtum erhalten würde, traten die Häupter der Langobarden, die „duces" oder Herzöge, zur Neuwahl zusammen. Da der Stamm Alboins gänzlich eingegangen war, so erhoben sie einen aus ihrer Mitte auf den Thron, nämlich Kleph,[1]) Beleos' Nachkommen,[2]) welcher sich als Herzog von Bergamo[3]) jedenfalls durch Adel und Reichtum einerseits, durch Energie und Tapferkeit anderseits auszeichnete.[4]) Diese Wahl fand statt in Pavia.[5])

Vom neuen König ist nur sein schlimmes Vorgehen gegen die Römer innerhalb der langobardischen Grenzen quellenmässig überliefert.[6]) Er scheint die von Alboin überall gleich nach der Eroberung begonnene Organisation[7])

---

[1]) Greg. Tur. IV, 41 (doch ohne Namen), Mar. Avent. ad a. 573 (nicht 572, wie Waitz MG. S. 90, Anm. 2 meldet), origo cap. ᴜ chron. Goth. cap. 6 und Paul. II, 31.

[2]) Origo cap. 6 und chron. Goth. cap. 6.

[3]) Lupi hat dies I, 143 und besonders I, 171—174 sehr wahrscheinlich gemacht.

[4]) Paul. II, 31 bezeichnet ihn als den 'nobilissimum virum' der Langobarden jener Zeit.

[5]) Paul. II, 31. O. Abel versteht bei der Uebersetzung dieser Stelle auf S. 49 der „Geschichtsschreiber der deutschen Vorzeit" (VIII. Jahrh.) Paulus falsch und nennt Kleph einen Ticinenser. — Was Muratori ad a. 573 von der Art jener Schilderhebung erzählt, ist unhistorisch.

[6]) Paul. II, 31; ähnlich Mar. Avent. ad a. 573.

[7]) Vgl. Hirsch S. 2 uud 3.

des neuen Reiches eifrig fortgesetzt zu haben, jedoch rauher und willkürlicher als jener. Kleph ermangelte eben des königlichen Sinnes und der echten Staatsklugheit seines Vorgängers. Er blieb auch auf dem Throne der aus den fast ununterbrochenen Wanderungen und Kriegszügen stammenden Gewohnheit der Herzöge treu, die eroberten Gebiete nicht als schonenswerte Grundlage für eine feste langobardische Herrschaft anzusehen, sondern hauptsächlich als möglichst auszunutzenden Bezirk für die eigene unersättliche Beutelust.

Doch gereichte dies immerhin mittelbar dem jungen Reiche zur Stütze, wenn auch unbeabsichtigt. Denn dadurch wurden dem schonungslos unterdrückten Römervolke die Mittel und die Kräfte zu etwaigen Auflehnungen geraubt, namentlich aber die geeigneten Anführer. Letztere konnten nur hervorgehen aus der Mitte der durch Besitz und Ansehen mächtigen Leute. Diese wurden entweder getötet oder in die Verbannung getrieben, also vorerst unschädlich gemacht. Ihre Güter fielen an die betreffenden langobardischen Bedrücker und veranlassten sie dadurch zur festen, dauernden Niederlassung.[8] Kein Titelchen römischen Rechtes konnte solche Besitzergreifungen verhindern oder abändern. Nur das Gewohnheitsrecht der Eroberer galt, doch nicht etwa nach Massgabe ihrer früheren Nationalitäten, sondern allein der jetzigen, d. h. gesamtlangobardischen.

Wie früher, so auch jetzt verschmolzen die Angehörigen fremder oder verwandter Stämme, welche doch meist aus freien Stücken sich den Langobarden als Bundesgenossen und Miteroberer angeschlossen hatten, vollständig mit der langobardischen Volksmehrheit. Wer nicht wollte, wurde gezwungen oder abgestossen. Für letzteres bieten ein deutliches Beispiel die Sachsen,[9] welche infolge der Einladung Alboins sich getreulich den Mühen der Wanderung nach Italien und der folgenden Eroberung dieses Landes unterzogen hatten, trotzdem aber ihre Stammesprivilegien im mitbegründeten Langobardenreich nicht beibehalten sollten

[8] Vgl. Leo I, 79.
[9] Greg. Tur. IV, 42 V, 15; Paul. III, 5—7; Widukind „Rerum gestarum Saxonicarum libri tres" I, 14.

und deshalb lieber auf gefahrvollem Marsche durch das Frankenreich ihre alte Heimat wieder aufsuchten.

Und doch war es gerade diese für viele so drückende 'Energie [10]) des langobardischen Nationalcharakters', welche das junge Reich zusammenhielt und für lange Zeit lebensfähig machte.

Ueber König Kleph's Herrschaft im Innern wird nun weiter nichts berichtet. Inbetreff seiner Thätigkeit aber nach aussen, besonders im Krieg, giebt es überhaupt keinen Anhalt. Wenn er auch vielleicht von den innerhalb seiner Grenzen befindlichen Restgebieten des Kaisers einiges gewann, so konnte er doch den darin belegenen Hauptorten, wie Padua, Monselice, Cremona und anderen, nichts anhaben. Er hatte ja nur wenig Gelegenheit dazu, indem er bereits nach 1½jähriger Regierung [11]) starb durch den Schwertstreich [12]) eines seiner Sklaven. [13]) Wahrscheinlich hatte er

---

[10]) Vgl. Hegel I, 389.

[11]) Die origo cap. 6 lässt Cleph 2 Jahre regieren, indem sie wohl die eigentliche Dauer nach oben abrundete, um dieselbe ihren sonstigen Zeitangaben bequem einreihen zu können. Denn die richtigen 1½ Jahre möchte ich als schon im Secundus verzeichnet, also der origo bekannt, annehmen, weil in Bezug auf diese Zeit der Contin. Prosp. Havn. p. 35 und Paul. II, 31 einmal genau übereinstimmen, welche doch beide ohne sonstige gegenseitige Verwandtschaft die Schrift des Secundus benutzten (vgl. Hille p. 9 nach Bethmann im „Archiv" Band X, Hannover 1851: S. 380). — Mittelbar werden die anderthalb Jahre bestätigt durch Mar. Avent., welcher Cleph im Jahre 573 König werden und 574 sterben lässt, also unter 2 Jahren bleibt. — Das chron. Goth. cap. 6 ist mit seinen 2½ Jahren für diesen König nicht annehmbar, am allerwenigsten für seine eigene Chronologie.

[12]) Paul. II, 31 würde die Verlegenheit Muratoris ad a. 575 heben.

[13]) Mar. Avent. ad a. 574 sagt: 'A puero suo interfectus est (Clebus)', Paul. II, 31: 'A puero de suo obsequio gladio jugulatus est'. — Muratori ad a. 575 übersetzt 'puer' mit: Edelknabe, Bedienter. Lupi I, 144 sagt genauer 'vernaculus' (Haussklave). Leo I, 80 und Hegel I, 399 übersetzen infolge des Zusatzes 'de suo obsequio' bei Paulus mit: Gesindemann, gehen aber darin zu weit. Pabst im II. Bande der „Forschungen" S. 502—518 Anhang II ist auf S. 504—506 für Sklave unter Beibringung von Belegstellen aus den Edikten und unserm Paulus. Den besten Beweis aber für ihn fand ich in einem Briefe jener Zeit, Gregors des Grossen ep. IX, 126, wo 'puer' auch gebraucht ist in der Bedeutung: Höriger, Sklave.

denselben vermittelst seiner Willkür zum äussersten getrieben. Da er nun nicht vor August 573 den Thron bestieg, denn nach Agnellus [14]) kam Rosimunda mit ihrem Gefolge 'mense Augusti Ravennam', und anderthalb Jahre denselben innehatte, so schied er aus dem Leben anfangs 575. Er hinterliess seine Witwe Masane [15]) und sein Söhnchen Authari. [16])

Doch dieser naturgemässe Thronfolger wurde bei Seite geschoben und mit ihm das Königtum. Es folgte die königlose Zeit, welche allgemein als Anarchie bezeichnet wird, meiner Meinung nach aber genauer und besser den Titel „Interregnum" verdient. Denn wenn auch kein alleiniger Herrscher da war, so regierten doch in den verschiedenen Landesteilen verschiedene kleine Könige, der eine unter grösserer, der andere unter geringerer Geltung, aber alle mit der patriotischen Hauptrichtschnur: Erhaltung und Ausbreitung des langobardischen Namens.

Die Dauer dieser Zeit beträgt ungefähr 10 Jahre, wie Paul. III, 16 richtig angiebt, und nicht 12, wie origo cap. 6, chron. Goth. cap. 6, der Contin. Prosp. Havn. p. 35 und Fred. cap. 45 wollen. Letzterer besitzt an dieser Stelle nur geringes, weil in Bezug auf die einzelnen Angaben zweifelhaftes Gewicht, desto mehr aber die drei vorhergehenden Quellen, welche Paulo gleich sind an langobardischer Herkunft, jedoch ihm über an Alter und dadurch Autorität ihrer Daten. Allein auch sie erscheinen öfters unsicher und mangelhaft in ihren Angaben, was sicherlich ebenfalls von ihrer Hauptgrundlage gelten darf, dem Secundus, der die Trient näheren Ereignisse wohl genau kannte, nicht aber die ferneren. Vor allen Dingen sind bei keiner der Quellenschriften Fehler ausgeschlossen, besonders in den Zeitangaben. Diese bedürfen für den vorliegenden Fall entschieden der Berichtigung.

---

[14]) Cap. 96. Die Vorgänge, welche zwischen Alboins Tode und der Vertreibung seiner Verursacher liegen, füllen ohne Zwang 3—4 Monate. ·

[15]) Paul. II, 31. Der Name Masane findet sich häufiger, und dabei ausschliesslich in den älteren codices; der von den Forschern ehemaliger und jetziger Zeiten allgemein bevorzugte Name Ansane ist jünger und seltener.

[16]) Origo cap. 6 und chron. Goth. cap. 6.

Das einzige Ereignis, welches innerhalb der Langobarden-geschichte dieser Zeit chronologisch feststeht, ist der Tod des Königs Authari am 5. September 590.[17] Dieser Herrscher regierte nach origo cap. 6 und chron. Goth. cap. 6 volle 7 Jahre; vor ihm war das Interregnum mit 12 Jahren; also fand Kleph sein Ende im Herbst 571 oder nach dem Contin. Prosp. Havn., welcher Authari p. 36 nur 6½ Jahre zuteilt, im Frühjahr 572. Kleph regiert bei ihnen 2 bezw. 2½ bezw. 1½ Jahre, begann also damit 569 Herbst bezw. Frühling oder 570 Herbst. Es blieben demnach für König Alboin, selbst bei der eigentlich unmöglichen Annahme, mit dem Eintritt des Königs in Italien nähmen seine italischen Regierungs-jahre ihren Anfang, etwa 1½, 1, 2½ solcher übrig, während ihm doch seitens der drei 3, 3½, 2⁵⁄₆ gegeben werden. Die letzte, vom Contin. stammende Zahl würde allerdings leicht zu erhalten sein, wenn seine Zeitangaben über Authari, das Interregnum und Kleph als pauschale aufzufassen wären, d. h. mit Abrundung nach oben; aber seine genaue Monats-zählung spricht gegen diese Möglichkeit. Die origo jedoch und das chron. Goth. bekommen selbst bei der Annahme eines Pauschalunterschiedes von 1 Jahr für ihre je drei Daten über jene drei Zeitabschnitte ihre angegebene Regierungs-dauer Alboins nicht heraus. Rechnet man nun erst letztere vom September 569 richtig an, so gerät man mit der Chronologie obiger Quellen völlig in die Enge. Dann erhält man beim Contin. den immer noch erträglichen Ueberschuss von 1 Jahr 10 Monat für die Zeit: September 569 bis September 590; bei der origo aber von 3 und beim chron. Goth. gar von 4 Jahren. Schon der Continuator scheint die missliche Chronologie seiner langobardischen Vorlagen er-kannt und nach Kräften verbessert zu haben. Noch genauer und glücklicher war Paulus, der mit Erfolg zur Zeitbestimmung die Angaben anderer, nicht vaterländischer Geschichts-schreiber heranzog. So fand er z. B. an Mar. Avent. einen Gewährsmann für die Zurechnung der Regierungszeit Klephs zu den Jahzen 573 und 574. In richtiger Zusammenstellung gab er dann Alboin etwa 3½ Jahre, Kleph 1½, dem

---

17) Paul. III, 35.

Interregnum 10, Authari 6, zusammen 21 für den Raum vom September 569 bis zum gleichen Monat 590. Dabei schloss er sicherlich nicht aus, dass die eine oder die andere Spanne Zeit etwas zu gross bezw. zu klein für die Wirklichkeit gegriffen sein könnte.

So dauerte die königlose Periode wohl rund 10 Jahre, doch genau genommen höchstens $9^2/_3$, weil Kleph innerhalb der beiden ersten Monate 575 wahrscheinlich starb, Authari das erste seiner 6 Königsjahre aller Berechnung nach im Herbst 584 antrat.

Bei Klephs Tode blieb also der langobardische Thron vorläufig unbesetzt. Nicht deshalb, weil die Herzöge, wie Pabst[18]) will, infolge des allmählichen Wachstums ihrer Stellen und der von Alters her begründeten Volkstümlichkeit derselben gleichsam über dem jüngeren Königtum standen und nach Belieben den zur Zeit bedeutungslosen Vertreter des letzteren ignorierten. Denn dagegen spricht mancherlei, was sich ja Pabst auch gleich darauf selbst entgegenhält. Sondern sicherlich war bei der bekannten[19]) langobardischen Königstreue zuerst die allgemeine Volksmeinung dafür, dem Thronfolger das Recht nicht zu kürzen oder gar zu nehmen. Doch dieselben Erwägungen, welche nach Alboin das Volk und seine berufenen Teilvorstände, die Herzöge, trotz aller freiheitlichen Neigungen sofort einen neuen König wählen liessen, galten $1^1/_2$ Jahre später noch immer. Man bedurfte auch jetzt eines starken, zielbewussten Herrschers. Die Hauptstätte der langobardischen Ansiedelung, Oberitalien, war ja im grossen und ganzen fest in Beschlag genommen, ermangelte aber infolge der Feindesgefahr an den Grenzen, auch denjenigen der kaiserlichen Enklaven, immer noch der Sicherheit, welche für die Basis der Langobardenherrschaft über ganz Italien absolut nötig sein musste. Dafür hatte das Königtum zuerst zu sorgen, um dann seine Hände auf die eigentliche Halbinsel ebenfalls zu legen. Die Königin-

---

[18]) S. 415. — Aehnlich schon Muratori ad a. 575 mit der zweiten seiner drei als möglich aufgestellten Deutungen.

[19]) Von Pabst S. 411 besonders betont. — Ganz zu verwerfen ist Hegels I, 352 Motivierung der Zurücksetzung Autharis allein durch die herzogliche 'Habsucht'.

Witwe galt aber sicherlich als nicht geeignet zur Vormund-
schaft bezw. interimistischen Regierung für ihr Söhnchen,
welches noch zu jung und deshalb zur Zeit unbrauchbar
war. Dass Authari ob seiner Jugend, und ob des mangelnden
Anrechtes, welches erst der längere Besitz verliehe, überhaupt keine Ansprüche gemacht habe,[20]) oder dass die
langobardischen Fürsten ohne König bis zu seiner Mündig-
keit warten wollten,[21]) weise ich zurück als unwahrscheinlich,
ja unmöglich in Anbetracht der Erledigung ganz ähnlicher
Verhältnisse beim Tode des späteren Königs Agilulf. Das
junge Anrecht der Familie Klephs auf den Thron wurde
weder von dieser aufgegeben, noch seitens der Langobarden
aufgehoben, was bewiesen ist durch die Thronbesteigung
Autharis im Jahre 584. Es wurde nur 575 aus obigem
Grunde nicht berücksichtigt, was allerdings infolge seiner
noch neuen Gültigkeit bedeutend leichter anging. Klephs
Hinterbliebene lebten vorläufig in stiller Zurückgezogenheit
auf ihren Besitzungen bei und in der Stadt Bergamo.[22])

Auch diesmal traten wohl die Herzöge in der Reichs-
hauptstadt Ticinum zur Neuwahl zusammen, konnten
sich aber nicht einigen.[23]) Es hatten sich wahrscheinlich
unterdessen mehrere von ihnen zu der gleichen Höhe an
Macht und Ansehen emporgehoben, die alle den Thron erstrebten und nicht selbstlos genug waren, um ihre Stimme
einem der Rivalen zu geben. So blieben die Langobarden
ohne König und ertrugen diesen Zustand um so leichter,
als sie einerseits den Sohn des letzten Herrschers als natur-
gemässen, aber erst unter ihren Augen heranwachsenden
Nachfolger im Lande hatten, anderseits keine besondere
Gefahr zur Zeit sich von aussen her nähern und einheitliche
Reichsführung erfordern sahen. Denn die Byzantiner wurden

---

[20]) Vgl. Pabst S. 416.

[21]) Vgl. Muratori ad a. 575 (die dritte und letzte der Deutungen)
und Lupi I, 144.

[22]) Das Nähere bringt Lupi I, 144 und 174.

[23]) Der Ausführung Leos I, 80: 'Die Langobarden wählten
keinen neuen Heerkönig, sondern betrachteten die Eroberung als
vollendet' kann ich nicht beistimmen.

im Orient gänzlich [24]) in Anspruch genommen durch die
Perser, so dass der Kaiser Justinus [25]) bezw. sein Mitregent
Tiberius fast gar keine Subsidien nach Italien senden konnten
und dadurch den Exarchen mit seinen Getreuen auf die
Defensive beschränkten. Das Frankenreich litt unter
schrecklichen Kämpfen im Innern. [26]) Und die Avaren
blieben vorläufig noch fern, richteten sich in den früheren
Wohnsitzen der Gepiden [27]) und besonders der Langobarden [28])
ein und suchten mit ihren Beutezügen nur das benachbarte
Gebiet der Oströmer bisweilen heim. [29]) Darin lassen sie
sich auch nicht stören durch Justins Versuche, ihnen die
austrasischen Franken als Feinde aufzubürden.

[24]) Vgl. A. v. Reumont „Geschichte der Stadt Rom" Berlin
1867: II, 78.

[25]) Muratori ad a. 574 schildert die Kopflosigkeit Justins ob
der Perser auf Grund der byzantinischen Quellennachrichten. Justin
nahm infolge seiner Sorgen Tiberius zum Gehilfen an, was allein
auf körperliche Schwäche zurückführt Anastasius Bibliothecarius
in seiner von C. de Boor zum Theophanes Leipzig 1885 herausgegebenen „Chronographia Tripertita" p. 152. — Vgl. dazu auch
Greg. Tur. IV, 40. V, 19 und Paul. III, 11.

[26]) Greg. Tur. IV, 47—51, welcher schmerzerfüllt (IV, 50 Anfang: 'Dolorem enim ingerit animo ista civilia bella referre') davon
berichtet. Vgl. die betreffenden Abschnitte bei J. W. Loebell „Gregor
von Tours und seine Zeit" II. Ausgabe Leipzig 1869.

[27]) Den im Besitze der Byzantiner befindlichen Hauptort dieses
Gebietes, Sirmium, suchten sie seit der I. Indiction (1. IX. 567 bis
31. VIII. 568) wiederholentlich in ihre Gewalt zu bekommen nach
Menander Protector, herausgegeben von L. Dindorf „Historici Graeci
Minores" vol. II, pag. 1 sqq. Leipzig 1871, fragm. 26 und 27:
p. 58—62. Sie erreichten dies Ziel aber erst in der XIV. Indiction
(1. IX. 580 bis 31. VIII. 581) durch Aushungern nach Men. fragm.
63, 64, 65, 66: p. 121—131. — Vgl. dazu den Benutzer Theophy-
lactus Simocatta „Historiae", herausgegeben von I. Bekker, Bonn
1834: I, 3. Von diesem entnahm die Nachricht wieder Theophanes
p. 252, welchen Anastasius Bibliothecarius „Historia Tripertita" p. 155
wörtlich übersetzte.

[28]) Agn. cap. 95. — Vgl. Rudhart S. 226 und 227.

[29]) Theoph. p. 246—247. — Seine Zeitrechnung ist stets um
8 Jahre der allgemeinen nach (vgl. „Neues Archiv" VII, 1882:
S. 409) und beginnt jedes Jahr mit dem 1. September (vgl. C. J.
v. Hefele „Conciliengeschichte" II. Auflage 1875 Freiburg i. B. III,
123: Anm. 1).

Statt eines Königs regierten nun im Langobardenreich 35 Herzöge. Wenn Muratori ad a. 575, Lupi I, 145, Leo I, 80, Pabst[30]) S. 419, Hirsch S. 3 deren 36 annehmen, so rechnen sie zu den 35 des Paulus[31]) jenen von den Handschriften der Gruppe F[32]) genannten Herzog Alboin hinzu. Diesen halte ich für ein Fantasiegebilde eines Abschreibers, welcher unter den von Paulus namentlich aufgeführten fünf Herzogsstädten Mailand vermisste und dasselbe einfügte mit obigem Herzoge, den er nach dem Eroberer bezw. ersten Herrn Mailands aus der Zahl der langobardischen Grossen benannte. Und nur aus Alboin entstanden durch einen Schreibfehler die ungebräuchlichen und sonst nirgends gebrachten Namen Alboni in F 1, Alloni in F 2, F 3 und F 4.

Ich möchte die oben erwähnte Aufzählung Pauli für eine abgeschriebene[33]) Stelle des Secundus erklären. Denn hätte Paulus erst selbst die bedeutendsten der 35 Herzöge und ihrer 'civitates' zusammengestellt, würde er sicherlich nicht Spolet und Benevent ausgelassen haben, denen er vorzüglich dem letzteren[34]) — regstes Interesse schenkt und eine Zeit des Bestandes giebt, welche bis in den Anfang der siebziger Jahre zurückreicht. Er kannte diese beiden als zwei der hervorragendsten Herzogtümer des

[30]) Pabst unternimmt sogar auf S. 439 die Bestimmung der Namen jener 36 Herzogssitze, gerät aber dabei, wie er selbst zugiebt, in Verlegenheit und, wie ich hinzusetzen muss, Irrtum. Denn er nennt unter den 36 'civitates' einige, die 575 noch gar nicht im langobardischen Besitz waren.

[31]) II, 32.

[32]) Vgl. Waitz in der Einleitung zur Ausgabe des Paulus S. 35 und 36 der MG. und dann mit den Textesvarianten auf S. 90 unter dem Buchstaben c zu II, 32.

[33]) Schon R. Jacobi „Die Quellen der Langobardengeschichte des Paulus Diaconus" Halle 1877: S. 75 nahm ähnliches an, allerdings ohne Beweisführung und mit der falschen Summe 36. — Schmidt S. 21, Anm. 1 hat sich dagegen entschieden, weil Secundus 'sicher den Eoin an erster Stelle genannt haben würde'. Secundus fand aber dazu gar keinen Grund, sondern ging nach dem ehemaligen Ansehen.

[34]) Hierüber spricht ausführlich F. Dahn „Langobardische Studien" S. 13.

Langobardenreiches. Secundus sah sie ja auch noch sich so weit erheben, dass er bei einer Zusammenstellung für die letzten Zeiten des VI. oder den Anfang des VII. Jahrhunderts sie gewiss mindestens ebenso namentlich angeführt hätte wie diejenigen von Brescia und Bergamo inmitten jener fünf. Aber für das Jahr 575 konnte und mochte er sie nicht mit Pavia, Bergamo, Brescia, Trient und Friaul auf die gleiche Stufe der Bedeutung stellen, weil sie damals im Gegensatz zu diesen bereits fest eingerichteten fünf Herzogtümern, welche er genau als die ersten Stützen des Langobardenreiches kannte, noch in unsicheren, ungeordneten Verhältnissen standen. Deshalb wies er ihnen Plätze an unter den 30, die er obigen fünf anreihte mit den Worten: 'Sed et alii extra hos in suis urbibus triginta duces fuerunt'. So liest man wenigstens bei seinem Benutzer Paulus.[35]) Aus dieser Stelle erkennt man auch sofort, wie irrtümlich die Annahme von nur 30 Herzögen seitens des ravennatischen Geschichtsschreibers R u b e u s[36]) und B a x m a n n s[37]) ist; gerade als ob die Zahl 30 jene fünf einschlösse.

Es sind also ein für allemal weder 36,[38]) noch 30, sondern 35 Herzöge festzustellen als Regenten des Langobardenreiches während der Jahre von 575 bis 584. Der primus inter pares scheint nach der Darstellung des Contin. Prosp. Havn.[39]) der Ticinenser Zaban gewesen zu sein, welcher wohl in der Stellung eines Reichsverwesers[40]) die Hauptstadt mit den Hinterlassenschaften des Königtums verwaltete. Was letzterem innerhalb der einzelnen Territorien an Krongut

---

[35]) II, 32.
[36]) IV, 170.
[37]) I, 39.
[38]) Einen Beweis für die Richtigkeit meiner Auslassungen über die Art, wie man den Herzog von Mailand als 36. wünschte und auskünstelte, bringt Lupi I, 156. Dieser nennt nämlich als solchen nicht Alboin, sondern Perideus, dessen Namen er bei dem Mangel einer betreffenden Ueberlieferung der Geschichte bezw. Sage jener Zeiten entlehnte. Jedenfalls hatte Alboin Mailand für sich behalten ohne besonderen Herzog. Deshalb fehlte dann 575 ein solcher.
[39]) p. 35.
[40]) Der Contin. Prosp. Havn. nennt p. 35 nur ihn, und zwar als den ersten.

gehört hatte, ging wahrscheinlich mit allem Zubehör in den Besitz der Herzöge jener Gegenden über.[41]) Noch dauerte ja unvermindert das Bestreben der langobardischen Grossen fort, ihre Reichtümer und damit ihre Macht zu erhöhen. Sie brauchten sich nun in der königlosen Zeit erst recht keinen Zwang darin aufzuerlegen und verfuhren gegen die eroberten Lande mit den Bewohnern noch rücksichtsloser wie früher. Sie setzten dadurch allerdings auch in verstärkter Weise die für den Bestand des Reiches dringend notwendige Verschmelzung aller Elemente der alten und neuen Bevölkerung zu dem lebensfähigen Volke der italischen Langobarden fort. Im „Lande der Städte"[42]) entsagten sie der Sitte deutscher Fürsten, sich Burgen und Landsitze für den gewöhnlichen Aufenthalt auszusuchen, und wählten bedeutende „civitates" als Wohnsitze. Von hier aus sorgten sie nach ihrer Art für das Vaterland und für sich. Sie waren es, welche nach voraufgegangener Wegräumung der Häupter unter den eingesessenen Römern das Verhältnis dieser neuen Unterthanen zu den Eroberern festzustellen suchten. Davon erzählt Paulus II, 32: 'His diebus multi nobilium Romanorum ob cupiditatem interfecti sunt. Reliqui vero per hospites divisi, ut tertiam partem suarum frugum Langobardis persolverent, tributarii efficiuntur'.[43]) Letztere Stelle ist schon so vielfach und ausführlich behandelt worden, dass ich mich beschränke auf die Angabe derjenigen Historiker, welchen ich in ihrer diesbezüglichen Auslegung beistimme, und die kürzeste Zusammenfassung ihrer Resultate. Auf Grund der Erörterungen von Lupi[44]), Troya[45]) und

---

[41]) Vgl. Leo I, 80. Darin aber geht er zu weit, dass er als die mächtigsten unter den 36 Herzögen diejenigen von Friaul und Benevent bezeichnet. Zu dieser Meinung wurde er durch die hier unangebrachte Berücksichtigung der späteren Verhältnisse verleitet. Deshalb liess er auch Spolet weg, welches 575 doch mindestens Benevent an Macht gleichstand.

[42]) Vgl. Lupi I, 144; Leo I, 80; Hegel I, 474.

[43]) Der Wortlaut ist durch Waitz ausser Zweifel gesetzt (MG. S. 90, Anm. 5).

[44]) I, 123—125.

[45]) An verschiedenen Stellen des Bandes IV, 1 seiner „Storia d'Italia", besonders S. 36f., 38--43 (osservazioni) und in seinem

hauptsächlich Hegel[46]) halte ich mit Pabst[47]) und
Hirsch[48]) an folgender Schlussbestimmung fest: Diejenigen
Römer, welche dem Schwerte entrannen, fielen zum grössten
Teil in Knechtschaft oder wurden doch, ihres Eigentums
beraubt, in den „Aldionat" herabgedrückt, einen Zustand,
der zwischen Freiheit und Unfreiheit die Mitte hielt.[49]) Diese
Aldien mussten ihren Herren den dritten[50] Teil ihrer Er-
träge von allen Renten und Gütern als jährliche Abgabe
entrichten. Und zu ihnen gehörten nicht nur die Bewohner
des Landes, sondern auch diejenigen der Städte.[51]) Alles
ohne Ausnahme wurde dem Nutzen der Langobarden dienst-
bar gemacht oder vernichtet.

Dieses scharfe und consequente, aber immerhin rohe
und rücksichtslose Vorgehen erreichte unter dem Regiment
der Herzöge seinen Höhepunkt. Auf keinen Fall fing es
damals erst an, wie Paulus bei seiner Zusammenstellung der
betreffenden Nachrichten aus Gregors von Tours Frankengeschichte[52]) und Gregors des Grossen Dialogen[53]) irrtümlich
berichtet[54]) in falschem Verständnis des ersteren. Er konnte
sich wahrscheinlich nicht denken, dass ein König solche

1841 erschienenen Schriftchen „Sulla condizione de Romani vinti
da' Longobardi".
   [46]) I, 336—449: „Die Römer unter der Herrschaft der Langobarden", III. Kapitel, 2. Abschnitt seines Werkes. Die Hauptstellen
vgl. auf S. 351—358 und 400—410. S. 337—348 bringen Angabe
und Kritik der vorherigen diesbezüglichen Arbeiten.
   [47]) S. 419 mit gründlicher Widerlegung der Flegler'schen
Ansichten.
   [48]) S. 10—14, wobei die Einwürfe von Fr. v. Schupfer „Delle
instituzioni politiche longobardiche libri II" Florenz 1863 zurückgewiesen werden.
   [49]) Vgl. Pabst S. 419.
   [50]) Ueber die Dreiteilung seitens germanischer Eroberer vgl.
E. Th. Gaupp „Die germanischen Ansiedlungen in den Provinzen
des römischen Westreiches" Breslau 1844: S. 460 ff.
   [51]) Vgl. Leo I, 83 ff., Hegel I, 409 ff. 487—490 und Hirsch
S. 11 (wo auch am kürzesten und übersichtlichsten über den Aldionat
gehandelt ist).
   [52]) IV, 41.
   [53]) Herausgegeben von den Benedictinern - Maurinern tom. II
der gesammelten Werke p. 150 sqq.: III, 38.
   [54]) II, 32.

Verwüstung seiner späteren Herrschaftsgebiete duldete,
und liess deshalb die Greuel der Eroberung nicht innerhalb
der ersten 7 Jahre nach geschehener Einwanderung der
Langobarden walten, wie Gregor von Tours wollte, sondern
erst vom 7. Jahre an, womit er genau die Zeit von Klephs
Lebensende und Nachfolge seitens der Herzöge traf. Nur
vergass er dabei, dass selbst der grosse Alboin die einzelnen
Scharen seines Volkes, welche gerade infolge der wilden
Kriegs- bezw. Raublust ihrer Genossen sich vom Hauptheere trennten und oft weit entfernten,[55]) nicht hinlänglich
zügeln konnte. Kleph hielt dann nicht einmal die Langobarden des Haupttrupps im Zaume, weil er selbst nach alter
Art teilnahm an der schrankenlosen Ausbeutung des eroberten Gebietes und sich wohl auch erkenntlich zeigen
wollte für seine Thronerhebung. Aber den schlimmsten
Ausschweifungen vermochte er doch zu steuern, wenn er
sich dazu genötigt sah, schon durch sein königliches Ansehen. Nach seinem Tode waren die einzelnen Trupps ohne
allen Zwang und nutzten diese volle Selbständigkeit nach
Kräften aus. Dabei hatten sie nur selten Grund, die römischen
Kirchen mit den reichen Schätzen zu schonen und die Diener
derselben anders zu behandeln wie die übrigen Römer,
zumal da sie meist Arianer oder Heiden waren.

Was aber Paulus weiter berichtet vom Untergange der
'civitates' und der 'populi, qui more segetum excreverant',
entsprang der durch herben Kummer über Italiens Not begründeten rhetorischen Uebertreibung Gregors des Ersten.
Es ist nicht gänzlich zu verschweigen nach dem Vorgange
Gregors von Tours, jedoch sehr zu modificieren. Nur diejenigen Städte, welche durch ihren Widerstand die Wut
der Langobarden reizten oder einem Feinde günstige Stütz-
punkte bieten und doch zur Zeit keine langobardische Besatzung erhalten konnten, sanken in Trümmer, nicht aber
die übrigen. Denn diese boten mit ihren Einrichtungen,
welche zuerst ungewohnt,[56]) gar bald jedoch bequem

---

55) Die beneventanischen Langobarden stellt als die am meisten
abschweifenden und am schlimmsten wütenden mit Recht hin Hirsch
S. 15—17.
56) Vgl. Flegler Anm. 49, cap. 3.

erschienen, den Einwanderern angenehme Wohnstätten. Sie
bargen ja auch die meisten Reichtümer und mussten als
Mittel- bezw. Schutzpunkte der Landbewohner in Friedens-
bezw. Kriegszeiten viel mehr gefallen wie als Trümmer-
haufen.[57]) Deshalb wurden sie ja von Anfang an von den
Grossen im Langobardenvolk zu Hauptsitzen erkoren.

Aehnlich verhält es sich mit der Vernichtung des
römischen Volkes. In 'saatengleicher Fülle'[58]) war letzteres
längst nicht mehr vorhanden, wurde aber in seinen Ueber-
resten von den Langobarden nur so weit geschwächt, dass
es seine der neuen Herrschaft schädlichen Bestandteile ab-
geben musste. Sonst blieb es allenthalben wohlerhalten
zum eigensten Nutzen der Eroberer. Denn es sollte die
Felder bebauen, die Künste und Wissenschaften, namentlich
das Handwerk pflegen, überhaupt die römische Kultur den
Barbaren bewahren und allmählich zugänglich machen. Ein
städte- und bewohnerloses Italien zu besitzen, lag sicherlich
nicht im Plane Alboins und seiner Langobarden. Wer sich
den Eindringlingen fügte, erhielt an ihnen vielleicht in den
meisten Fällen harte, aber nicht grundlos wütende Herren.
Dass die Langobarden in Italien am schlimmsten während
der ersten Jahre hausten, ist ganz natürlich; ebenso, dass
sie dies nicht nur 7 Jahre lang thaten, sondern auch noch
in der Folgezeit verschiedentlich barbarisch auftraten, besonders innerhalb der Landesteile, die sie ihrem neuen Reich
nach und nach hinzufügten. Darüber war auch Gregor von
Tours im Klaren, welcher durch obige Zahl wohl nur die
bösesten Jahre der Eroberung abgrenzen wollte. Deswegen
verdient er schwerlich mit den Vorwurf von Lupi,[59]) sich
inbetreff der Angelegenheiten Italiens sehr oft geirrt zu
haben. Er ist im Gegenteil an dieser Stelle viel glaub-
würdiger als Paulus, welcher nur in den letzten Worten
der betreffenden zweiten Hälfte von II, 32 etwas historisch
Wertvolles bringt: '(per hos Langobardorum duces) Italia

---

[57]) Vgl. Hegel I, 473.

[58]) Wie wenig diese rhetorische Ueberschwänglichkeit Gregors
des Grossen die damaligen Verhältnisse beschreibt, hat am knappsten
und übersichtlichsten Lupi I, 105—107 dargelegt.

[59]) I, 148.

ex maxima parte capta et a Langobardis subjugata est'.[60]) Das weist auf die kriegerische Thätigkeit der Herzöge hin.

Zuvörderst versuchten sie wohl ebenfalls, ihre Territorien durch Eroberung[61]) der kaiserlichen Enklaven vollständig zu ihrem Eigentum zu machen. Als sie darin keine merklichen Fortschritte machten, überliessen sie aller Wahrscheinlichkeit nach die Beobachtung bezw. Belagerung jener festen Plätze ihren nächstwohnenden Unterthanen. Sie selbst erstrebten einzeln oder zu mehreren die Machterhöhung ihrer Gebiete nach aussen hin, indem sie entweder die Landesfeinde an den Grenzen ihrer eigenen Herzogtümer bezw. ihres Gesamtreiches durch Kriege weiterer Territorien beraubten oder wenigstens, wo dies nicht anging, möglichst ausbeuteten. In ersterer Weise gingen sie hauptsächlich gegen die Byzantiner vor. Da sie durch Ravenna und die Seestädte am Vordringen in der schmalen Küstenebene zwischen dem adriatischen Meere und dem Apennin verhindert wurden, so durchzogen sie desto dichter und unaufhaltsamer die gebirgige Mitte und den flachen Westen der Halbinsel zum Süden hin. All' die grösseren und kleineren Trupps fanden dabei sicheren Rückhalt an den jungen, aber infolge des Zuzuges frischer, brauchbarer Mannschaften immer mehr erstarkenden Herzogtümern Spolet und Benevent.

Die Häupter dieser beiden, Farwald[62]) und Zotto, waren es sicherlich auch, welche die kriegerischen Unternehmungen gegen die Mittelpunkte der Verteidigung Mittel- bezw. Unteritaliens leiteten, nämlich gegen Rom und Neapel. Ersteres hatte bei der Eroberung Tusciens 571 durch Alboins Haupttruppen wohl die südlichsten Abteilungen derselben

---

[60]) Aehnliches bemerkte schon Men. fragm. 62: p. 120 in Bezug auf das Interregnum: Ὅτι Ἰταλία ὑπὸ τῶν Λογγιβάρδων σχεδὸν ἅπασα ἐπεπόρθητο. Er berichtete dies beim Jahre 580, ungefähr der Mitte jener Zeit.

[61]) v. Reumont II, 78 meint seltsamerweise, dass der Tod Klephs den Eroberungen ein Ziel gesteckt habe.

[62]) Die beiden Lesarten Faruald und Faroald sind durch Vokalisierung des w im Anlaut der zweiten Hälfte des Namens entstanden: wald von waltan bezw. waldan = beherrschen, leiten. Das w wurde ja auch als uu oder blos u geschrieben.

in seiner Nähe geschen, wie ja auch schon früher[63]) einzelne
Scharen der vordersten, vom königlichen Heere weggezogenen
Langobarden. Aber es war verschont geblieben von grösseren
Kriegsnöten, ein Glück, dessen es sich 572 ebenfalls erfreute,
wo die letzten Anstrengungen Alboins behufs der Einnahme
Pavias das Haupthcer wieder bei dieser Stadt vereinigten.
Doch im Sommer 573 wurde es so von langobardischen
Abteilungen umschwärmt, dass der Nachfolger des am
13. Juli[61]) verstorbenen Papstes Johannes III. nicht geweiht
werden konnte wegen des Fehlens der kaiserlichen Be-
stätigung.[65]) Es war eben am Verkehr mit Byzanz vollständig gehindert. Deshalb erhielt der neue Papst Benedict I.
erst anfangs Juni 574[66]) die Weihe. Und während der an-
dauernden Kriegsunruhen herrschten in diesen Gegenden
Hungersnot[67]) und daher grosse Sterblichkeit, so dass sich
viele befestigte Orte den Feinden ohne Widerstand ergaben.[68])
Rom selbst wurde in solchen Nöten nur gehalten durch
die Getreidesendungen des Kaisers Justin aus Aegypten.[69])

Ein kaiserliches Heer, welches unter dem Schwieger-
sohne Justins, Baduarius[70]), allem Anschein nach in Campanien

---

[63]) Doch nicht etwa schon 568 nach den beiden Briefen Gregors
des Grossen: V, 21 und XIII, 38. Wenn dieser darin von seiner
Not durch die 'gladii' bezw. 'incursiones' der Langobarden seit 27
bezw. 35 Jahren spricht, so fasste er sich selbst allgemein als Bewohner Italiens auf, nicht speciell als solchen Roms. Denn auch die
vordersten Langobardenkrieger konnten 568 nicht bis Rom vordringen.

[64]) Vgl. Gregorovius II, 14 und die durch S. Loewenfeld, F.
Kaltenbrunner, P. Ewald verbesserte und vermehrte II. Ausgabe von
Ph. Jaffé „Regesta Pontificum Romanorum" Leipzig 1885: I, 137
nach dem Lib. pont. bei Vignolius I, 229.

[65]) Darüber vgl. der Benedictiner-Mauriner „Vita Sancti Gregorii
Papae I. ex ejus potissimum scriptis recens adornata", im IV. Bande
der gesammelten Werke p. 199 sqq., I, 7 : 3.

[66]) Vgl. Muratori ad a. 574 und Jaffé-Kaltenbrunner in der
II. Ausgabe der Papstregesten I, 137 nach dem Lib. pont. bei Vignolius I,
229 bezw. 230 — Gregorovius II, 15 redet ohne Grund und Recht
davon, dass der Stuhl Petri länger als 1 Jahr unbesetzt geblieben sei.

[67]) und [68]) Lib. pont. bei Vignolius I, 230.

[69]) Nach dem Lib. pont. (bei Vignolius I, 230) erzählt dies
Gregorovius II, 14.

[70]) Bandarius, wie Pabst S. 420 und andere wollen, ist nirgends in
den byzantinischen Schriften jener Zeit belegt. Dieser Name ist wahr-

von Neapel her vorrückte, richtete nichts Merkliches gegen die Langobarden aus und wurde von ihnen 576 sogar in einer Schlacht besiegt.[71]) Baduarius starb dann kurz darauf[72]) an einer bei dieser Gelegenheit empfangenen Wunde oder an Gram über sein Missgeschick. So war die Aussicht auf ein Zurückdrängen der Barbaren wieder genommen worden, und das Gegenteil trat ein.

Rom sah erst die Nachbargebiete in schrecklicher Verwüstung[73]) durch die Feinde, welche jedenfalls infolge von Widerstandsversuchen seitens der Kaiserlichen dazu gereizt wurden, und dann sich selbst in den Aengsten einer Belagerung 578. Letztere war bereits im Gange, als Benedict I.

scheinlich durch einen Irrtum beim Hören oder Lesen der auch in den Theophaneshandschriften nehen *Βαδοὐριος* für *Βαδουάριος* vorkommenden Form *Βαουδὑριο?*-Baudarius (vgl. de Boor II, 580) entstanden.

71) Hätte er in oder bei Rom gestanden, wäre er sicherlich an irgend einer Stelle der auf diese Stadt und ihre Bewohner bezüglichen historischen Denkmäler verzeichnet. So aber ist er eben als Bandarius nur erwähnt bei Johannes Biclariensis, herausgegeben von Thom. Roncallius „Vetustiora Latinorum Scriptum Chronica" Padua 1787: II, 381 sqq., ad a. 576. Für dieses Ereignis nun ist auch mir der Abt Johannes von Biklaro sicher, da er seit seiner im genannten Jahre erfolgten Rückkehr nach Spanien durch den regen Schiffsverkehr seiner Heimat mit den Hafenstädten der italischen Westküste die gleichzeitigen Schicksale Campaniens u. s. w. genau zu erfahren vermochte. Aber für die Ereignisse zwischen 566 und 576, soweit diese nicht Konstantinopel und das Kaisertum unmittelbar angehen, besitzt er nach meiner Meinung nicht die hohe Wichtigkeit als Quelle, wie er sie von Schmidt S. 30—31 zugelegt erhält. Denn er hörte dieselben nur in der am kaiserlichen Hofe verbreiteten Fassung, wobei er in chronologische und materielle Irrtümer verfiel. So berichtet er vom Ende des Gepidenreiches erst beim Jahre 571 und lässt Alboin 'nocte' getötet werden ad a. 572. Dass er aber auch für die ausserspanischen Ereignisse zwischen 576 und 590 öfters das Jahr falsch angiebt, hat schon Muratori ad a. 584 und 587 mit Recht hervorgehoben.

72) Vgl. Muratori ad a. 577.

73) Lib. pont. bei Vignolius I, 231. — Der Schmerz hierüber und das Gefühl der Ohnmacht gegen solche Feinde bestimmten wohl hauptsächlich mit den damaligen römischen Stadtpräfekten Gregor, der Welt zu entsagen und sich ins Kloster des heiligen Andreas zurückzuziehen, um die Mitte der siebziger Jahre. Die Eindrücke dieser Zeit zog er später als Papst heran zu jener Schilderung der langobardischen Greuel in den Dialogen III, 38 u. s. w.

am 31. Juli[74]) starb, und dauerte ununterbrochen fort, so dass des Verstorbenen Nachfolger Pelagius II. 'absque jussione principis' gegen Ende November consecriert werden musste.[75]) Rom vermochte eben inmitten solcher Gefahren eine längere Vakanz nicht auszuhalten, denn es bedurfte eines obersten Leiters der Verteidigung, also in Ermangelung[76]) eines weltlichen „dux" bezw. „magister militum" wenigstens eines allgemein anerkannten und befolgten geistlichen Herzoges. Die Bürgerschaft hatte infolge der immer stärker andrängenden Kriegsnot bereits 577 in Konstantinopel durch den Patricius Pamphronius, welcher aus dem „alten Rom" 5000 Pfund Goldes an Steuern überbrachte, um militärische Hilfe gebeten. Jedoch der Kaiser, 'ἐπεὶ αὐτῷ ὁ πόλεμος ὁ Περσικὸς ἅπαντα ἦν καὶ ἐνέκειτό γε ὅλος', schickte kein Heer, sondern nur Gelder zur Befriedigung bezw. Bestechung der langobardischen Führer.[77]) Dies Mittel scheint denn auch bei den zwei Oberanführern der Belagernden um die Wende des Jahres 578 mit Erfolg angewendet worden zu sein, nämlich bei den Herzögen von Spolet und Benevent.

Wenn die Stadt Rom sonst mehr im Bereiche des ersteren lag, sah sie doch diesmal nicht nur Farwald vor ihren Mauern, welcher für die enge und energische Einschliessung 578 allein zu schwach an Kräften war, sondern auch Zotto, der vorher mit Baduarius 576 gekämpft und darauf 577 das schutzlose Campanien verheert hatte.[78]) Beide lassen 579 Rom unbelästigt und ziehen der eine nach Nordosten gegen den Exarchat, der andere nach Südosten gegen Unteritalien.

Sofort benutzen der neue Papst und die Römer diese augenblickliche Ruhe und senden[79]) eine Gesandtschaft, die sich aus Senatoren und Priestern zusammensetzte, zum nunmehrigen Alleinherrscher Tiberius II.[80]) mit der dringenden

---

[74]) und [75]) Lib. pont. bei Vignolius I, 230, 231 und seine genaue Kritik durch Jaffé-Kaltenbrunner I, 137.

[76]) Vgl. Gregorovius II, 15.

[77]) Men. fragm. 49: p. 100—101. — Diese ganz klare und verständliche Stelle ist von Gregorovius II, 16 verschiedentlich falsch ausgelegt worden.

[78]) Vgl. das Nähere bei Hirsch S. 4.

[79]) Men. fragm. 62: p. 120.

[80]) Seit 5. Oktober 578. — Der Contin. Prosp. Havn. p. 35

Bitte um Beistand. Wahrscheinlich befand sich darunter der zum Diakonus erhobene Benedictinermönch Gregor, der nachmalige Papst, welcher als Apokrisiarius des Stuhles Sancti Petri im Auftrage Pelagius' des Zweiten die kaiserliche Regierung unablässig an ihre Verpflichtungen gegen Italien erinnern sollte. Doch da der Perserkrieg immer heftiger wurde, so konnte Tiberius beim besten Willen wohl wiederum Geld zur Bestechung[51]) der Barbaren schicken, an Soldaten aber nur eine kleine, in aller Eile[52]) ausgehobene, also noch nicht kriegstüchtige Schar.

Wie nötig aber eine zweckmässige Verstärkung der kaiserlichen Streitkräfte in Italien gewesen wäre, erkennt man aus den allseitigen Fortschritten der Langobarden, namentlich gegen Ravenna und Umgebung, die vom Exarchen selbst verteidigten Hauptreste der byzantinischen Herrschaft. Hier drang Farwald mit seinen Spoletinern und sicherlich auch den sonstigen langobardischen Nachbarn des Exarchates unaufhaltsam vor. Er nahm sogar im Angesichte Ravennas den Hafenort dieser Hauptstadt, Classis, 579 ein[53]) und behauptete denselben mittels einer starken Besatzung bis 588. Dadurch war Ravenna von der sicheren, unmittelbaren Verbindung mit Konstantinopel abgeschnitten und darob in grosser Not. Es konnte unter dem Oberbefehle des Exarchen Longinus sich sogar nur mit Mühe selbst erhalten gegen die Feinde, welche bis an seine Mauern vordrangen. Durch die kühne und tapfere Besatzung von Classis wurde es so im Schach gehalten, dass es zusehen musste, wie aus Mangel an Subsidien fast alle den Römern bisher verbliebenen Orte zwischen Rom und Perugia einerseits,[54]) letzterer Stadt und Classis anderseits[55]) in die Gewalt

---

bezeichnet ihn fälschlich als den 51., Paul. III, 12 richtig als den 50. der römischen Herrscher; beide aber geben irrtümlich seinem Vorgänger Justin II. nur 11 statt 13 Jahre Regierungszeit. Dazu vgl. Waitz MG. S. 98, Anm. 4. Ganz entschieden zurückzuweisen ist Greg. Tur. V, 30 mit seinen 18 Jahren für Justin den Jüngeren.

[51]) und [52]) Men. fragm. 62: p. 121.

[53]) Paul. III, 13.

[54]) Vgl. Rubeus IV, 170. Sie fielen nach ihm 'vix ostentata oppugnatione'.

[55]) Vgl. Lupi I, 157.

der Langobarden gerieten. Alle diese Eroberungen kamen zum Herzogtum Spolet.[56])

Die Zeit der eben berichteten Ereignisse fällt meiner Meinung nach nicht in die Jahre 576 bis 579, wie R u b e u s,[57]) Lupi,[58]) Pabst[59]) und andere wollen, sondern 579 bis 580. Denn sowohl die Operationen gegen Rom und Umgebung, als auch diejenigen im Exarchat und übrigen Mittelitalien konnten derartig nur unter der persönlichen Leitung des erprobten Herzogs dieser Gegenden ausgeführt werden. Vor 578 war Farwald seinen Spoletinern, dem Kerne der langobardischen Scharen Mittelitaliens, im Bereiche des alten Latiums nötig, weil sein Genosse Zotto noch nicht bis dahin vorgedrungen, also zur Uebernahme des Oberbefehls nicht bereit war. 578 konnten nur beide vereint mit dem oben geschilderten Nachdruck Rom selbst bestürmen. Dabei mochten sie immerhin einzelne Abteilungen ihrer Leute an anderen Orten kämpfend und erobernd vorgehen lassen, aber sicherlich nicht in grösseren Unternehmungen. So sandte wohl Farwald Vortrupps aus gegen die benachbarten Teile des byzantinischen Gebietes, doch einem Zuge bis Ravenna musste er den Hauptstamm seiner Streitkräfte, vor allem sich in Person widmen. Dass er dann zur Eroberung des befestigten und durch Ravennas wie des Meeres Nähe gedeckten Hafenortes Classis längere Zeit bedurfte, glaube ich gern, stimme jedoch einer solchen von 2 bis 3 Jahren, nämlich von 576 bis 578, niemals bei. Diese Dauer ist viel zu lang und unwahrscheinlich. Denn einerseits konnte die Belagerung einer Stadt inmitten des feindlichen Landes, welches an vielen Orten starke und zu Ausfällen bezw. Handstreichen befähigte Besatzungen hatte, sich nicht durch Jahre hin erstrecken, anderseits erforderte sie, auch bei kürzerer Dauer, bedeutende Heeresabteilungen.

---

[56]) Ueber die damalige Erweiterung dieser Herrschaft handelt treffend Muratori ad a. 580.

[57]) IV, 170.

[58]) I, 157.

[59]) S. 420. Er beschränkt sich aber darauf, das Jahr 576 als wahrscheinlichen Anfangstermin der Belagerung von Classis anzunehmen.

Letztere befanden sich aber damals auf der anderen Seite
des Apennin, während sie 579 gegen den Exarchat zur
Verfügung standen. Noch innerhalb desselben Jahres wurde
Classis genommen und zum Stützpunkt gemacht für die
weiteren Städteeroberungen der Spoletiner auf der Strecke
Rom-Perugia-Classis, wobei von bekannteren Orten nur der
in der Mitte frei blieb, nämlich Perugia. Alles dies geschah
bis 581 und verdiente sicherlich die Benennung 'lacrimabile
bellum'[90]) seitens der Freunde des Kaiserreiches.

Im Jahre 581 wandte sich nach Lupis[91]) annehmbarer
Meinung Farwald wieder gegen Rom, um jedenfalls seinen
Freund Zotto, der unterdessen in Unteritalien Erwerbungen
gemacht hatte und zur Zeit Neapel belagerte,[92]) auf dieser
gefährlichen Seite zu decken. Jedoch Neapel sowie die
anderen Seestädte der Nachbarschaft trotzten damals und
in der Folgezeit den Angriffen der Langobarden. Auch
unter den Binnenorten Campaniens behaupteten sich mehrere
noch längere Zeit. Der Kampf dauerte daher hier immer
fort im grossen und ganzen, bis er innerhalb des letzten
Jahrzehnts endgültig abgeschlossen wurde.[93]) Doch liess
er öfters an Heftigkeit nach, ja ruhte sogar eine Zeit lang.
So während der zweiten Hälfte des Interregnums, wenn
anders man die Worte Menanders[94]): ἤδη τε πλεῖστοι τῶν
δυνατῶν μετετίθεντο ὡς Ῥωμαίους τὴν ἐκ τοῦ αὐτοκράτορος
ὠφέλειαν προσδεχόμενοι als den Thatsachen entsprechende
annimmt. Diese bestochenen Grossen wohnten nicht nur

---

[90]) Joh. Bicl. berichtet ad a. 580: 'Anno II. Tiberii imperatoris
Romani contra Langobardos in Italia lacrimabile bellum gerunt'.
Das 11. Jahr umfasst die Zeit vom Oktober 579 bis dahin 580.
Unter 'Romani' aber hat man nicht die Bewohner der Stadt Rom
zu verstehen — Pabst S. 420, Anm. 6 verfällt allem Anschein nach
in diesen Irrtum, denn er passt` mit Gewalt obige Stelle der Be-
lagerung Roms 578 an —, sondern nach dem Muster der Ῥωμαῖοι
der byzantinischen Historiker die Unterthanen des römischen Reiches,
die „Kaiserlichen".

[91]) I, 158.

[92]) Vgl. Troya „Codice diplomatico longobardo" Nr. 10 auf
S. 30—33 von IV, 1.

[93]) Vgl. Hirsch S. 4.

[94]) Fragm. 62: p. 121.

in den unteritalischen, sondern auch in den anderen Lango-
bardengebieten, welche den byzantinischen benachbart lagen.
Ungefährlicher dagegen und gleichgiltiger erschienen
der kaiserlichen Regierung die langobardischen Grossen
innerhalb der Westhälfte Oberitaliens, obgleich gerade sie
sich aus den damals angesehensten grossenteils zusammensetzten. Das lag nun nicht allein an ihrer von den Haupt-
resten der oströmischen Herrschaft abgewandten Lage,
sondern noch mehr an der Gegenrichtung ihrer Kriegszüge.
Letztere trafen auf naturgemässem Wege gen Norden und
besonders Westen ausschliesslich fränkisches Gebiet. Auch
hatten sie zum Zweck viel weniger die Eroberung neuer
Landstriche, welche ja doch meist auf die Dauer nicht be-
hauptet werden konnten, weil sie innerhalb der natürlichen
Grenzen des stärkeren Frankenreichs lagen, als die Aus-
plünderung der betroffenen Gegenden.

Leider befindet sich ihre Chronologie vollständig im Argen,
da weder Gregor von Tours noch sein Benutzer bezw. Ab-
schreiber Paulus Diaconus stichhaltige Zeitbestimmungen
trafen. Zur Berichtigung und endgültigen Feststellung derselben ist auch die dritte Hauptquelle vorliegender Arbeit, die
Chronik des sogenannten Fredegar, gar nicht zu gebrauchen.
Und nur Marius gewährt sicheren Anhalt in einem einzigen
Falle, nämlich für 574. Wie sich in den Jahren vor diesem das
Volk der Langobarden mit dem der Franken, speciell der
Burgunden, auseinandersetzte, weiss man aus den betreffenden
Nachrichten ziemlich genau, doch das wann kann man nur
durch Rückschlüsse bestimmen. Auf letzteres verzichteten
im grossen und ganzen, abgesehen von anderen Kritikern
geringeren Wertes, Muratori und Pabst. Ersterer[95])
verteilt die hierher gehörigen Züge oberflächlich 'unter
Alboin und Kleph', letzterer[96]) hebt die falsche Einreihung
derselben in die 'Zeit der Herzöge' seitens Pauli hervor,
versucht aber keine Berichtigung. Allein Giesebrecht[97])

---

[95]) ad a. 575.
[96]) S. 421 nebst Anm. 2.
[97]) Uebersetzung der Frankengeschichte Gregors von Tours
in den „Geschichtsschreibern der deutschen Vorzeit" (VI. Jahrh.)
Berlin 1851.

stellt bezügliche Jahreszahlen auf, jedoch entweder willkürlich und ohne jegliche Begründung, oder falsch.

Seit dem schon früher erwähnten Kampfe im Jahre 569 war hier mit wechselndem Glücke gestritten worden, und zwar nach meiner Meinung jedes Jahr unter mannigfacher Veränderung der Personen und Schauplätze. Man kann für die Zeit 570 Anfang bis 573 Ende genau 4 Feldzüge unterscheiden, die in Anbetracht der Teilnehmer nicht neben-, sondern nacheinander sich abspielten und nicht etwa zu zweien in dasselbe Jahr fielen. Denn letzteres ist durch ihre überlieferte Ausdehnung unmöglich geworden als Ansicht. Es steht aber auch gar nichts im Wege, jährliche Wiederholungen solcher Einfälle anzunehmen, weil einerseits die betreffenden Langobardenscharen höchstens infolge schwerer Niederlagen abgeschreckt wurden, anderseits bei der damaligen inneren Zerrissenheit und daraus folgenden Ohnmacht der Franken für die Offensive gar bald Nachfolger fanden behufs Ausbeutung dieser Nachbarn. Sonst würden Gregor von Tours[98]) und Marius[99]) schwerlich ihre Schilderung eingeleitet haben mit 'iterum'.

Der Einfall 569 war missglückt, weil er unternommen wurde von Leuten, welche in Gallien ebenso geringen Widerstand wie in Oberitalien erwartet und deshalb die nötigen Vorbereitungen unterlassen hatten. Sein schlimmer Verlauf gereichte den Langobarden zur Lehre, doch nicht zur abschreckenden bei der unverminderten Beutelust und Tapferkeit derselben. Sie setzten sich nach geschehenem Rückzuge im westlichsten Oberitalien um Turin u. s. w. herum fest, liessen noch andere Scharen herankommen und erneuerten[100]) dann 570 mit verstärkten Kräften den Einfall in das einmal als beutereich erkannte Südgallien.

Diesmal hatten sie den besten Erfolg. Sie besiegen das Heer der Burgunden unter seinem Anführer „patricius" Amatus, richten ein furchtbares Blutbad an und 'ditati inaestimabili praeda ad Italiam revertuntur'.[101]) Dadurch nur noch mehr

98) IV, 42.
99) ad a. 574.
100) Greg. Tur. IV, 42 und nach ihm Paul. III, 1—3.
101) Paul. III, 3. — Waitz MG. S. 94, Anm. 3 verweist ganz

angefeuert, erscheinen sie sofort 571 wieder, erleiden aber
durch die stark gerüsteten Burgunden unter dem neuen
„patricius" Mummolus eine vollständige Niederlage [102]) bei
Embrun und fliehen zurück. Nun verzichteten sie doch
vorläufig auf fränkischen Raub und erholten sich erst wieder.
    Für sie traten ihre Bundesgenossen ein, jene Sachsen,
welche nicht auch noch Volksgenossen werden wollten,
sondern es vorzogen, zur früheren Heimat zurückzukehren.
Dieselben unternehmen 572 einen Kriegszug [103]) nach Gallien,
um erst die Gegenden kennen zu lernen, welche sie auf
ihrem Rückmarsche nach dem Sachsenlande gleich im Anfang durchziehen wollen. Dabei folgen sie nach Kräften
dem alten Hange, die besetzten Striche auszuplündern, bis
sie von Mummolus überfallen, in die Enge getrieben und
zum Rückzug gezwungen werden unter ungünstigen Ver-
tragsbedingungen. Die Erlaubnis aber des späteren Durch-
marsches scheinen sie erlangt zu haben, denn 573 nehmen
sie all' ihr Hab und Gut zusammen und begeben sich auf
den Weg durchs Frankenreich. [104]) An der Rhône müssen
sie für ihre abermaligen Verwüstuugen dem gefürchteten
Mummolus reiche Entschädigung geben, durchziehen dann
friedlich Austrasien und lassen sich mit König Sigiberts
Bewilligung in einem Teile der früheren Besitzungen nieder,
doch nicht ohne harten Kampf mit den derzeitigen Bewohnern. [105])
    Unterdessen haben sich die Langobarden des ober-
italischen Ostens erholt und gerüstet zu dem von Pabst [106])
sogenannten I. grösseren Zuge nach Burgund. Sie rücken
'wiederum' 574 [107]) dort ein, und zwar in Vallis, [108]) besetzen
die Alpenpässe zur Sicherung des Verkehrs mit der Heimat

irrtümlich für diesen Zug auf Mar. Avent. ad a. 574 und Contin.
Prosp. Havn. p. 35; die Züge der zusammengestellten drei bezw.
vier Stellen schliessen sich vollständig aus.
    [102]) Greg. Tur. IV, 42 und nach ihm Paul. III, 4.
    [103]) Greg. Tur. IV, 42 und nach ihm Paul. III, 5.
    [104]) Greg. Tur. IV, 42 und Paul. III, 6.
    [105]) Greg. Tur. V, 15; Paul. III, 7; Widukind I, 14.
    [106]) S. 42 f.
    [107]) bis [109]) Mar. Avent. ad a. 574. — Sowohl Gregor von Tours
als auch Paulus haben nichts darüber.

und lagern längere Zeit ungestört bei dem berühmten
Kloster St. Maurice. Doch als endlich ein fränkisches Heer
erscheint, werden sie in einer Schlacht bei Bex 'paene ad
integrum' [109]) aufgerieben.

Jedenfalls standen auch diesmal die siegreichen Burgunden
unter dem Oberbefehl des Mummolus, wie noch in den
nächsten Jahren. 575 blieben sie allerdings von den Langobarden verschont, weil dieselben einerseits die letzte Niederlage
verwinden mussten, anderseits ihre Aufmerksamkeit richteten
auf die durch den Mangel eines geeigneten Nachfolgers
ihres Königs Kleph hervorgerufenen Reichsverhältnisse.

Doch 576 [110]) sahen sie die gefährlichen Feinde wieder
im Lande, und zwar viel stärker wie früher. Zu diesem
Einfalle hatten die Langobarden sich besonders gut [111]) gerüstet. Da sie ohne König waren, mithin durch keine Ein-
sprache an irgend welchen Thaten gehindert werden konnten,
so hatten sie ein gewaltiges Heer nicht nur aus den der
fränkischen Grenze nächsten, sondern den sämtlichen Teilen
der Osthälfte Oberitaliens gesammelt. Ueber diesem 'maxi-
mum robur' [112]) standen als Oberbefehlshaber die drei Herzöge
Amo, Rodan und Zaban. Letzterer ist allein bekannt in
Bezug auf Sitz und Ansehen. [113]) Im Gefühle ihrer Macht
dringen sie nicht vereint, sondern in drei getrennten Heer-
säulen vor. Amo wendet sich links auf der Strasse von
Embrun nach der Rhône zum Gebiet der Stadt Avignon,

---

[110]) Giesebrecht giebt entschieden falsch 574 an; Waitz lässt
einen Spielraum von 575 bis 577; nur Muratori ist für 576, allerdings ohne Begründung.

[111]) Dafür, dass dieser Einfall nicht blos der zweite grössere,
wie Pabst S. 421 will, sondern überhaupt der grösste war, auch als
solcher schon zu seiner Zeit aufgefasst wurde, spricht die ausführliche
Ueberlieferung Gregors von Tours IV, 44. Nach ihm fast wörtlich
Paul. III, 8. Der Contin. Prosp. Havn. p. 35 berichtet nur hierüber.
Mar. Avent. hat wunderbarerweise nichts davon, wohl weil er gänzlich
in Anspruch genommen war durch die gleichzeitigen Ereignisse in
den zwei anderen Reichen der Franken; vgl. seine Mitteilungen
ad a. 576. Ueberhaupt lebte er dem Schauplatze des Einfalles von
576 viel weniger nahe als demjenigen von 574: Thal der oberen
Rhône.

[112]) Contin. Prosp. Havn. p. 35.
[113]) Vgl. Anm. 40 dieses Abschnittes.

sucht dann die übrigen Teile der „provincia Arelatensis"
heim, plündert ganz im Süden die Umgegend [114]) von
Massilia (Marseille), brandschatzt Aix und durchschwärmt
das ganze Küstengebiet. Zaban zieht in der Mitte über die
Stadt Dea (Die) hinaus gegen Valentia (Valence) an der
Rhône unterhalb des Einflusses der Isère und belagert es.
Rodan wendet sich von Embrun aus nach rechts und bestürmt Gratianopolis (Grenoble) an der Isara. Er wird zuerst
angegriffen von Mummolus, welcher mit einem starken
Heere herbeieilt, und geschlagen. Nur 500 Mann vermag
er nach dem Lager Zabans vor Valence zu retten. Beide
gehen nun auf Embrun zurück, jedenfalls um nicht vom
Heimwege abgeschnitten zu werden, begegnen dort dem
rührigen Mummolus und erleiden ebenfalls eine Niederlage.
Sie ziehen sich in der Richtung auf Seusium (Sigusium
bezw. Susa) zurück, welches noch im Besitz des kaiserlichen
„magister militum" Sisinnius war, werden von den Burgunden
bis hierher verfolgt und steigen eilends nach Italien hinab.
'His auditis, Amo, collecta omni praeda, Italia rediturus
proficiscitur; sed resistentibus nivibus, praedam ex magna
parte relinquens, vix cum suis Alpinum tramitem erumpere
potuit et sic ad patriam pervenit'. [115]) Solchen Verlauf nahm
das langobardische Unternehmen des Jahres 576.

Der 'immer siegreiche' [116]) Feldherr Mummolus aber be-
gnügte sich nicht mit der Vertreibung der Langobarden,
sondern er suchte auch späteren Einfällen gleich an der
Landesgrenze Hindernisse entgegenzustellen. Bei der Pro-
vence konnte er dies nicht ausreichend thun, weil er durch
die natürliche Beschaffenheit der Grenzstriche zu wenig
unterstützt wurde. Jedoch bei Burgund hatte er als Scheide-
wand die hohen Westalpen und brauchte nur die beiden
einzig möglichen Heeresübergänge derselben am Mons Jovis
(Grosser St. Bernhard) und am Mons Cenisius (Mont Cenis)
zu sichern. Und nicht blos die Pässe selbst besetzte er,

---

[114]) Davon wird genannt der 'Lapideus campus, qui adjacet
urbi Massiliensi'. Dieser ist demnach viel weiter an Marseille heran-
zusetzen wie auf der Karte Nr. 21 bei v. Spruner-Menke.
[115]) Paul. III, 8 Ende.
[116]) Vgl. Greg. Tur. IV, 45 Anfang.

sondern auch ihre Zugänge von Italien her, so dass er die
natürliche Grenze Galliens an diesen Orten über den Gebirgs-
kamm hinaus nach Osten künstlich erweiterte. Wohl schon
574 hatte er damit am St. Bernhard begonnen, nachdem er
die hineingedrungenen Feinde nach der Schlacht bei Bex
wieder hinausgetrieben; er hatte das Ametegisthal mit
Augusta (Aosta an der Dora Baltea) in Besitz genommen.
576 eroberte er dazu das Thal der oberen Dora Riparia
mit Susa.

Diese Gebiete [117]) blieben auch für die Folgezeit in der
Gewalt der Franken, und zwar ohne Widerstreben der
Langobarden. Beide Völker scheinen sogar nach 576 in
ein freundschaftliches Verhältnis zu einander getreten zu
sein, denn es werden keine weiteren Feindseligkeiten berichtet, und der Papst Pelagius II. schreibt am 5. Oktober
580 [118]) dem Bischof Aunarius von Auxerre, derselbe solle

---

[117]) Die Ueberlassung dieser zwei Bezirke an die Franken ist
erwiesen durch die beiden sogenannten Cartae aus dem Jahre 588
ungefähr bei Troya Nr. 20 und 21. In demselben Jahre hatte auch
der König Guntram von Burgund durch seinen Beauftragten, Herzog
Mero, kirchliche Angelegenheiten dieser Gegenden kraft seines
'praeceptum' geordnet; vgl. Troya Nr. 19. Dazu vgl. die „osservazioni"
auf S. 75—78 des Bandes IV, I, besonders die erste „della deplo-
rabile cessione". Fernere Beweise sind die Briefe Gregors des
Grossen darüber an die fränkischen Herrscher vom Juli 599: ep. IX,
115 und 116 bei den Benedictinern, Nr. 1754 und 1755 bei Jaffé-
Ewald, Nr. 212 und 213 bei Troya, sowie Fredegar „Chronicum",
herausgegeben von M. Bouquet „Recueil des historiens des Gaules
et de la France" tom. II, p. 417 sqq.: cap. 45. — Wenn auch Fredegar
an dieser Stelle viel Unhistorisches bringt, so ist er doch nicht in
Bezug auf jede einzelne Angabe abzuweisen, wie Pabst mit scharfer
Kritik auf S. 417—419 will. Er reiht mit Recht obige Ueberlassung unter die Ereignisse der königlosen Zeit ein, wofür er als
Burgunde gewiss auch Anhalt fand. Mit Unrecht aber trennt er
das Ametegisthal von Augusta und berichtet von einem Tribut der
Langobarden an die Franken. Ersteres ist wie physikalisch so
politisch unmöglich; letzteres wird von Pabst zur Genüge klargelegt.
Die auf Fredegar beruhende Angabe Th. Menkes unterhalb der
beiden betreffenden Orte '575—585 an d. fränk. Reich' habe ich
oben zu berichtigen bezw. genauer zu bestimmen versucht.

[118]) und [119]) Vgl. Troya Nr. 9, nur mit falscher Uebertragung
des Datums: 5. Oktober des 7. Regierungsjahres des Tiberius, welcher
574 Cäsar und Mitregent Justins II. wurde, auf den 5. Oktober 581.

die 'orthodoxos Francorum reges, Urbi (Rom) vel universae Italiae finitimos adjutoresque divinitus constitutos' ermahnen, ut 'ab amicitiis et conjunctione nefandissimi hostis, Langobardorum, salubri se provisione segregare festinent, ne dum illorum vindictae tempus advenerit, sicut et celere fieri divina miseratione confidimus, eorum etiam illi inveniantur esse participes'.[118]) Diese Zuversicht war sicherlich in Pelagius entstanden durch die Nachricht von dem eifrigen Streben des Kaisers Tiberius II., das oströmische Reich bei den Nachbarvölkern zur alten Geltung zu bringen.

Mit Kraft, aber auch mit Gerechtigkeit hatte Tiberius zuerst seine inneren Feinde, welche unter der Oberleitung der Witwe und des Neffen seines Vorgängers, Sophias und Justinians, standen, unschädlich gemacht.[120]) Darauf hatte er die überkommenen Schätze Justins in ausgiebigster Weise dazu verwandt, gewaltige Heere zu werben und auszurüsten gegen die äusseren Gegner seiner Herrschaft. So war er denn 580 am Ende seiner energischen, den besten Erfolg versprechenden und später auch erzielenden Vorbereitungen angelangt und fertig zum Strafgericht über die Reichsfeinde. Hatte er diese besiegt und gedemütigt, dann forderte er sicherlich auch Rechenschaft von den Völkern, welche sich Freunde und Bundesgenossen der Byzantiner nannten, als solche vielerlei Gnadenbeweise empfingen und dennoch im Unglück gleichgiltige Zuschauer, womöglich heimliche Schädiger spielten. Dabei musste er besonders die Franken in Betracht ziehen, welchen seit Chlodwigs Zeiten bei ihrem Werben[121]) um Gunst und Ehren die kaiserliche Regierung bereitwillig Gehör gegeben hatte. Waren doch erst 578 noch Gesandte des Königs Chilperich von Neustrien nach Konstantinopel gereist,[122]) um durch ein Bündnis mit

Berichtigt ist dies bei Jaffé I. Ausgabe, Berlin 1851, Nr. 684 und II. Ausgabe Nr. 1048.

[120]) Greg. Tur. V, 19. 30; VI, 30 und nach ihm Paul. III, 11. 12.

[121]) Ausführliches darüber bringen v. Hormayr S. 53 und Troya besonders S. 34, Anm. 2; 102, Anm. 2: Die fränkischen Könige waren 'fieri nemici forse di Roma, e pur cupidissimi de Romani titoli ed onori, pe' quali si metteano in atto di confessare la superiorità morale dell' Imperio; 145; 497, Anm. 2 im Bande IV, 1.

[122]) Greg. Tur. VI, 2 und nach ihm Paul. III, 13.

Ostrom materiell oder wenigstens moralisch die Ueberhand
zu gewinnen über die feindlichen Bruderreiche Austrasien
und Burgund.

Aber gerade dieser merowingische Familienzwist hatte
neben der damaligen Ohnmacht des oströmischen Reiches
die Ausbreitung der Langobarden in den kaiserlichen Landen
mittelbar gefördert, ja sogar die Feinde in Stand gesetzt,
keck über die Grenzen Italiens hinaus vorzudringen. 575
schien einmal eine Aenderung der Verhältnisse im Franken-
lande bevorzustehen, als nämlich der König Sigibert von
Austrasien über seine zwei meist gegen ihn verbündeten
Brüder entschieden die Oberhand bekam[123]) und deshalb
alles für längere Zeit fest anordnen konnte. Jedoch sein
Tod durch Mörderhand im Anfang des Winters 575-76[124])
liess den Hader von neuem entbrennen, und zwar noch
schlimmer wie vorher.

Für den jungen Childebert, den Sohn und Nachfolger[125])
Sigiberts, traten die austrasischen Grossen als Vormünder[126])
ein und schützten seine Interessen in energischer, erfolg-
reicher Weise. Sie waren dabei so klug, sich immer mit
einem der beiden Oheime gegen den andern zu verbünden
und dadurch die Vorteile der Uebermacht zu geniessen.
Seit 577[127]) gingen sie nun mit König Guntram von Burgund gegen Chilperich vor, der sich ihnen nicht fügen
wollte,[128]) überliessen aber die Mühen des Krieges fast
gänzlich den Burgunden. Sie selbst schonten ihre Kräfte
und setzten sich möglichst in Stand, zur rechten Zeit und
Gelegenheit wichtige Erfolge zu erringen.

Da erhielten sie die Nachricht[129]) von den Wünschen der

---

123) Greg. Tur. IV, 50.

124) Greg. Tur. IV, 51; V, 1 und nach ihm Paul. III, 10.

125) Im Anfang des Dezember 575 gilt er bereits als König
(vgl. Giesebrecht „Geschichtsschreiber" I, 221: Anm. 1).

126) Sie hatten den Thronerben seiner Mutter Brunichilde ge-
waltsam entzogen nach Greg. Tur. V, 1.

127) Greg. Tur. V, 17.

128) Greg. Tur. V, 17—18. 24—26. 34. 41.

129) Sicherlich sorgte Bischof Aunarius für möglichste Verbreitung
des päpstlichen Hilfegesuchs. Dass aber Austrasier den Einfall
unter Chramnichis ausführten, ergiebt sich aus der Richtung desselben.

Römer vermittelst jenes Papstbriefes und beschlossen mit
Childebert, durch einen Vorstoss gegen die Langobarden den
Kaiser für sich zu gewinnen. An einem Streifzuge nach Italien
hinüber waren sie sicherlich viel weniger durch das Gefühl der
von Pelagius II. bemängelten Freundschaft mit den germanischen Langobarden verhindert worden, als durch das der Un-
sicherheit im eigenen Lande. Jetzt hatten sie Guntram seit
etwa vier Jahren als treuen Bundesgenossen kennen gelernt,
der ihr Reich nicht nur nicht schädigte, sondern vielmehr
schützte gegen Chilperich, den gemeinsamen Feind. Deshalb
konnten sie ruhig es unternehmen, im Sommer 581 einen
Teil ihrer Streitkräfte ausser Landes zu schicken.

Ein austrasisches Heer unter dem Oberbefehle des
Herzogs Chramnichis zog also durch Alemannien und Baju-
varien, wo es gewiss sich noch verstärkte, über den Brenner-
pass nach Italien. Im Thale der Etsch stiess es zuerst auf
das Gebiet des Herzogs von Trient. Noch vor dem Ueber-
schreiten der Grenze bekamen [130]) die Franken das Castell
Anagnis [131]) infolge freiwilliger Ergebung in Besitz und
dadurch einen Stützpunkt für den Angriff auf das Trientiner
Land. Um dies rückgängig zu machen, zog Graf Ragilo
von Lagare [132]) herauf, musste sich aber mit der Verwüstung
des Gebietes von Anagnis begnügen. Als er dann 'cum
praeda reverteretur, in campo Rotaliani [133]) ab obvio sibi
duce Francorum Chramnichis cum pluribus e suis peremptus
est'. Die Franken waren ihm also gefolgt und im Kampfe
Sieger geblieben. Sie drangen nun weiter nach Süden vor
und plünderten bis Trient. Da erschien aber Herzog Ewin,
welcher wohl vorher die Gefahr unterschätzt und obigen
Grafen für genügend zu ihrer Bewältigung erachtet hatte,
drängte die Feinde zurück, schlug sie bei Salurnis an der
Etsch und nahm ihnen alle Beute wieder ab. 'Expulsisque
Francis Tridentinum territorium recepit'.

---

[130]) Paul. III, 9. — Bei dieser Schilderung folgte er sicherlich
genau den Nachrichten des Trientiners Secundus.

[131]) Nano am rechten Ufer des Noce nach Bethmann-Waitz
MG. S. 97, Anm. 2.

[132]) Lägerthal unterhalb Trients.

[133]) Am rechten Ufer des Noce zwischen Anagnis und Salurnis
nach Bethmann-Waitz MG. S. 97, Anm. 4.

So misslang das Unternehmen [134]) der Austrasier, war
aber in Konstantinopel nicht unbemerkt geblieben. Dort
trat in demselben Jahre 581 eine grosse Erhebung der
Geister des kaiserlichen Hofes und des ganzen Volkes ein
durch den glänzenden Sieg [13]) des „dux orientis" Justinian,
welcher aus einem Gegner des Tiberius solch' thatkräftiger
Freund geworden war, über die gefürchteten Perser. 'Victor
regrediens tantam molem praedae cum viginti pariter elefantis
detulit, ut humanae crederetur posse sufficere cupiditati'.[136])
Nun fing man wieder an, für das Heil des Reiches zu hoffen
und zu sorgen mit Freuden. Dabei gedachte man auch des
unglücklichen Italiens, welches an dem Apokrisiarius Gregor
einen unermüdlichen Fürsprecher besass, und suchte es auf-
zurichten. Weil man aber die Truppen selbst noch zu nötig
brauchte gegen die nur wenig niedergedrückten Feinde im
Orient, konnte man das Los des Occidentes vorläufig blos
durch Geldsendungen erleichtern, welche zum Teil den
Langobarden gegeben wurden behufs ihrer Zufriedenstellung,
zum andern Teil dazu dienten, diesen Eindringlingen Feinde
zu erwecken sowohl in Gestalt neu geworbener Feld- bezw.
Besatzungstruppen innerhalb Italiens als auch besonders
benachbarter Völker.

So erhielt König Chilperich durch seine Gesandten,
welche den byzantinischen Siegesjubel 581 miterlebt hatten
und im Herbst dieses Jahres zurückgekehrt waren,[137]) 'multa
ornamenta' und 'aureos singularum librarum'.

134) v. Hormayr S. 100 und Rudhart S. 227 nennen es einen
Rachezug für die früheren Einfälle der Langobarden in Gallien,
vergessen aber zu erklären, warum es von Unbetroffenen gegen
Unbeteiligte unternommen wurde. Ebenso falsch setzt der erstere
dasselbe ins Jahr 574, wobei er noch Trient selbst erobert werden
lässt, der letztere ins Jahr 575. Beides ist mit den sonstigen Nachrichten aus jener Zeit unvereinbar. — Muratori erzählt es ad a. 577
ohne Feststellung des wirklichen Zeitpunktes.

135) Theoph. p. 251 nach Theophyl. III, 14. Vgl. Greg. Tur. V,
30 und Paul. III, 12. — Wenn Muratori diesen Sieg ad a. 575 setzte,
so rechnete er irrtümlich das angegebene Regierungsjahr des Tiberius
von der Zeit ab, wo dieser Mitregent wurde.

136) Paul. III, 12.

137) Greg. Tur. VI, 2 und nach ihm Paul. III, 13.

Viel mehr aber empfingen Childebert und seine Austrasier zur Belohnung jenes Versuches gegen die Langobarden und zur Erzeugung mindestens eines neuen. Sie bekamen[135]) nämlich 50000 Goldsolidi durch eine kaiserliche Gesandtschaft überbracht. Fürs erste konnten sie allerdings den Einfall nicht wiederholen, weil sie sich mit dem alten Bundesgenossen Guntram ob ihres Anteils[139]) an Marseille bereits 581 entzweit hatten[140]) und deshalb im eigenen Lande nötig waren. Sie wandten sich nun Chilperich zu und verbanden sich mit ihm, um Guntram seines Reiches zu berauben.[141]) Aber sie schonten wiederum ihre Kräfte und liessen die Neustrier allein kämpfen,[142]) so dass diese 583 trotz des noch inniger[143]) betriebenen Anschlusses an die Austrasier von den Burgunden besiegt wurden,[144]) ohne durch die Bundesgenossen irgendwie unterstützt worden zu sein. Guntram gewährte den geschlagenen Neustriern Frieden,[145]) Childebert aber und seinen Ausrasiern, welche mittels ihrer schlauen Zurückhaltung immer an Macht und Ansehen gewannen, gab er ohne Kampf die verlangten Gebietsteile anfangs 584.[146]) Als dann um dieselbe Zeit der räuberische Chilperich durch das energische Auftreten der beiden wieder verbündeten Nachbarreiche zur Herausgabe seiner widerrechtlichen Besitzergreifungen und zur Selbstbeschränkung auf sein altes Gebiet genötigt worden war,[147]) konnte Childebert leicht den zweiten Zug nach Italien unternehmen.

Ermutigt wurde er dazu besonders durch die Nachrichten aus Konstantinopel. Zum zweiten Male waren die Perser glänzend besiegt worden[148]) und hatten infolgedessen alle Eroberungen der letzten Zeiten verloren 582. Der

---

135) Greg. Tur. VI, 42 und Paul. III, 17. Vgl. Joh. Bicl. ad a. 584.
139) Darüber vgl. Giesebrecht „Geschichtsschreiber" I, 154: Anm. 6; I, 316: Anm. 2 und II, 90: Anm. 5.
140) Greg. Tur. VI, 11. 31.
141) Greg. Tur. VI, 3. 11.
142) Greg. Tur. VI, 22.
143) bis 145) Greg. Tur. VI, 31.
146) Greg. Tur. VI, 33.
147) Greg. Tur. VI, 41.
148) Theoph. p. 251.

Sieger Maurikius [149]) stieg zum Lohne dafür vom „comes foederatorum" auf zu der Stellung eines Cäsars und daneben Schwiegersohnes Tiberii. [150]) Als dann der Kaiser kurz nachher plötzlich auf den Tod erkrankte, ernannte er am 13. August 582 den überaus fähigen Maurikius zum Imperator und machte ihn durch sein Ableben während des folgenden Tages gar schnell zum Alleinherrscher. [151])

Der neue Kaiser regierte ganz im Geiste seines Vorgängers weiter und erstrebte vor allem die Demütigung der Perser. Gegen sie sandte er seinen Schwager Philippikus mit den besten Truppen und Hilfsmitteln, während er die wilden Avaren, welche im Uebermut ob der Gewinnung [152]) Sirmiums und ihrer sonstigen Fortschritte an der Nordgrenze des Kaiserreiches 583 wiederholentlich die unbescheidensten Forderungen der kaiserlichen Regierung stellten, 'εἰρήνης ἐφιέμενος' vorläufig durch reiche Geschenke und grössere Jahrgelder besänftigte. [153]) Hatte er dann in Asien sein Ziel erreicht, was allem Anschein nach dicht bevorstand, so wandte er sich den europäischen Bedrängern seines Reiches zu, den Avaren und den Langobarden.

Gegen letztere liess er einstweilen den Frankenkönig Childebert vorgehen, welcher im Alter von 15 Jahren [154]) an der Spitze eines gewaltigen Heeres nach Italien zog. [155]) Die Austrasier überstiegen wahrscheinlich auch in diesem Sommer 584 die Alpen am Brenner.

Plötzlich und unerwartet angegriffen, konnten die Langobarden sich nicht zu einem Feldheere vereinigen, sondern nur

---

149) Die beliebte Schreibweise 'Mauritius' gebe ich auf wegen des griechischen Μαυρίκιος.

150) Theophyl. I, 1 und Theoph. p. 252. — Vgl. die bereits sagenhaft veränderten Nachrichten darüber bei Greg. Tur. VI, 30 und nach ihm Paul. III, 15.

151) Seine Charakteristik bei Muratori ad a. 582 nach den byzantinischen Quellen.

152) Im Jahre 581 nach Anm. 27 dieses Abschnittes.

153) Theophyl. I, 3—8 und danach kurz Theoph. p. 253. Vgl. Contin. Prosp. Havn. p. 35.

154) Schluss aus Greg. Tur. V, 1 und VII, 33. Er konnte also wenn auch noch minorenn, ganz gut den Zug mitmachen.

155) Greg. Tur. VI, 42 und Paul. III, 17.

hinter den Mauern ihrer Städte und Castelle [156]) verteidigen. Doch bald 'intercurrentibus legatis oblatisque muneribus pacem cum Childeberto fecerunt'. [157]) Sie hatten sich und ihre Städte eben nicht genug zu rüsten vermocht, ermangelten der einheitlichen Leitung oder wenigstens des allgemeinen Zusammenhanges und waren einzeln nicht im Stande, solchem Feinde mit Erfolg zu begegnen. Ohnmächtig mussten sie, in ihren Befestigungen bestürmt durch die Franken, die beutelustigen Scharen das ganze Land verwüsten sehen. So ergaben sie sich lieber.

Bei dieser Darstellung folgte ich der Autorität des Paulus, welcher sicherlich seine Mitteilungen aus Secundus schöpfte. Denn die Meldung Gregors von Tours, dass die Langobarden überhaupt keinen Widerstand versucht, sondern sich aus Furcht sofort unterworfen, Geschenke gegeben und treue Unterthanenschaft gelobt hätten, leidet etwas an Unwahrscheinlichkeit. Es ist nämlich schwer zu glauben, dass die langobardischen Herzöge, welche früher in einzelnen westlichen Vertretern den Mut gehabt hatten, Teile des Frankenreiches trotz mancher Schlappen wiederholentlich heimzusuchen, und erst 581 noch den einen Ewin das Vaterland kräftig schützen sahen gegen dieselben Feinde, 584 sofort auf jeglichen Widerstand verzichteten. Und doch waren es diesmal nicht einzelne wenige, sondern fast die gesamten Oberitaliens, welche mehr oder minder in Mitleidenschaft gezogen wurden. Vollends unhistorisch erscheint mir die Nachricht Gregors vom Unterthanengelöbnis; sie steht mit derjenigen Fredegars [158]) vom Tribut auf gleicher Stufe und stammt wohl, wie diese, von irrtümlichen Erzählungen heimgekehrter ruhmrediger Franken her. Auch nicht der leiseste Anhalt findet sich dafür innerhalb der sonstigen Ereignisse jener Zeit bei den betreffenden Völkerschaften.

Im Gegenteil; Childebert war froh, sein italisches Unternehmen schnell zu Ende geführt zu haben, und machte den leichten Sieg nicht noch durch unmässige Friedensbedingungen

---

[156]) Wohl meist die Vereinigungspunkte der umwohnenden Landbewohner bei Kriegsgefahr.
[157]) Paul. III, 17.
[158]) Cap. 45.

fraglich. Vielmehr zog er mit den Geschenken und der Kriegsbeute gern wieder nach Hause, weil er ein Unternehmen zur Rettung seines Schwagers Hermenigild [159]) vor dessen fanatischen Vater Leovigild zurüsten wollte. Er befahl auch den Heereszug gen Spanien, stand aber plötzlich aus unbekannten Gründen davon ab. Wahrscheinlich fürchtete er die etwaigen Feindseligkeiten Chilperichs, welcher damals [160]) von den Westgothen als zukünftiger Schwiegervater umschmeichelt wurde.

Die kaiserlichen Gesandten aber, welche die Unterstützungsgelder zurückforderten, da der König seinen Verpflichtungen nicht nachgekommen wäre, würdigte er keiner Antwort [161]) im Vertrauen auf seine Kraft und des Kaisers Schwäche. Letztere war jedoch gerade um diese Zeit fast ganz geschwunden. Der Erfolg, welchen die Perser 583 [162]) in Armenien errungen hatten, wurde 584 durch den Sieg des Philippikus bei Nisibis mehr wie ausgeglichen. [163]) Seitdem fesselten die Römer in Asien das Glück dauernd an ihre Fahnen. Und auch in Thracien waren sie 584 siegreich, indem sie unter Kommentiolus bei Adrianopel zwei Heere der Slaven, jener Unterthanen und Vorkämpfer der Avaren, vernichteten. [164]) Nun konnten sie sogar dem bedrängten Occident kräftig aufhelfen, wozu sie am besten die Hilfe der Franken gebrauchten und voraussichtlich erhielten, wenn sie nur keine Bitten und Ausgaben scheuten.

Inzwischen war im Langobardenreich ein bedeutsames Ereignis eingetreten, nämlich die Wiederaufrichtung des Königtums.

---

[159]) Vgl. dessen Geschichte bei Greg. Tur. IV, 38; V, 38. 43 und VI, 18 (für 582). 29 (für 583). 33. 40. 43 (für 584).

[160]) Im September 584 nach Greg. Tur. VI, 45. Zu Childeberts Verzicht vgl. VI, 42.

[161]) Greg. Tur. VI, 42 und nach ihm Paul. III, 17.

[162]) Theophyl. I, 10—12 und danach kurz Theoph. p. 253.

[163]) Theophyl. I, 13 und Theoph. p. 253.

[164]) Theophyl. I, 7 und Theoph. p. 254.

Die Fortsetzung mit noch 7 umfangreichen Abschnitten, welche die wichtigsten Resultate meiner Arbeit enthalten, erscheint demnächst in Verbindung mit den 2 vorliegenden Teilen im Verlage von Max Niemeyer zu Halle a/S.

Zeitfracht Medien GmbH
Ferdinand-Jühlke-Straße 7
99095 Erfurt, Deutschland
produktsicherheit@kolibri360.de